清末民初文獻叢刊

# 澤雅堂文集

[清] 施補華 著

朝華出版社
BLOSSOM PRESS

**圖書在版編目（CIP）數據**

澤雅堂文集 / （清）施補華著. -- 北京 : 朝華出版社，2018.3
（清末民初文獻叢刊）
ISBN 978-7-5054-4181-1

Ⅰ. ①澤… Ⅱ. ①施… Ⅲ. ①雜著－中國－清代
Ⅳ. ①Z429.49

中國版本圖書館CIP數據核字(2017)第302467號

**澤雅堂文集**

**作　　者**　[清]施補華

**選題策劃**　楊麗麗　尚論聰
**責任編輯**　劉小磊
**特約編輯**　齊　芳
**責任印制**　張文東　陸競贏
**封面設計**　劉敬偉

**出版發行**　朝華出版社
**社　　址**　北京市西城區百萬莊大街24號　**郵政編碼**　100037
**訂購電話**　（010）68996618　68996050
**傳　　真**　（010）88415258（發行部）
**聯系版權**　j-yn@163.com
**網　　址**　http://zhcb.cipg.org.cn
**印　　刷**　藝堂印刷（天津）有限公司
**經　　銷**　全國新華書店
**開　　本**　880mm×1230mm　1/32　**字　　數**　77千字
**印　　張**　12
**版　　次**　2018年3月第1版　2018年3月第1次印刷
**裝　　別**　精
**書　　號**　ISBN 978-7-5054-4181-1
**定　　價**　85.00元

---

# 出版前言

中國自一八四〇年鴉片戰爭以來，傳統的農業文明在西方的堅船利炮轟擊之下徹底被顛覆，有擔當的知識分子苦苦追尋，思索社會改革的途徑。從最初的『師夷長技以制夷』到『民主制度，天下之公理』（梁啓超語），他們發現要『强國富民』，首先要『開啓民智』，祇有民衆擁有了獨立思想和批判精神，國家纔能實現真正的强大。在此後一百年的時間裏（一八四〇—一九四九），思想者們從社會變革深入到國民性的改造，用每一部作品見證着中國近代化的遞變歷程。這是一個極其重要的時代，《清末民初文獻叢刊》正是收録了這一時期的作品，大部分書籍都是早期版本，有着極高的文獻研究價值。

清末的中國經歷了『三千年來未有之大變局』（李鴻章語），大清王朝面對西方列强的艦炮，表現得驚慌失措。尤其是鴉片戰爭，使『天朝帝國萬世長存的迷信受到了致命的打擊，野蠻的、閉關自守的、與文明世界隔絶的狀態被打破了』（《馬克思恩格斯選集》)。一批士大夫知識分子，尤其是在歐美諸國擔任使臣或者游歷的知識分子最先覺醒，着眼于對西方國家的考察，進而反省本國政治制度的劣勢，可以視作『啓蒙』的端倪。如曾擔任駐英公使(兼任駐法公使)的郭嵩燾在《使西紀程》中以日記的形式記録了自己對歐西諸國的觀感，他在考察了英國的政治制度之後，發現英國政府官員收入超過三百磅者與普通老百姓一樣同等納税，他説：『此法誠善，然非民主之國，則勢有所不行。西洋所以享國長久，君民兼主國政故也。』他明確提出了『民主』，在國家的管理問題上，人民也有參與的權利。他在該書中所披露的西方政治、經濟、文化等領域優于大清帝國這一事實觸動了保守派的神經，立刻遭到保守派群起而攻之，進士何金壽彈劾他『有二心于英國，欲中國臣事之』，他家鄉湖南的民衆對他更是痛加詆毁，以至于滿城揭帖，誣蔑他『溝通洋人』，在這種群情汹汹的情况下，朝廷最後下旨將《使西紀程》毁版，從而使該書成了禁書。然而，書雖被毁版，却不能堵死民衆的傳播與閲讀的途徑，上海的《萬國公報》依舊連載該書，張佩綸曾説：『朝廷禁其書，而新聞紙接續刊刻，中外傳播如故也。』從某種意義上來説，啓蒙是時代的需要，盡管清政府發諭旨禁了該書，民衆乃至一些朝廷大員却依舊在私下閱讀，以便瞭解外部的世界。進步的社會是開放性的，任何企圖『閉關鎖國』的努力都意味着歷史的倒退，祇有開放，與整個世界文明保持同等的步伐，纔能實現真正的强國之夢。當大批知識分子走出閉鎖的國門，親歷了文明的洗禮之後，也就把啓蒙的智識帶回了中華大地。容閎的《西學東漸記》，梁啓超的《新大陸游記》，崔國因的《出使美日秘日記》等一大批作品介紹了海外諸國的政治、經濟、軍事、外交、文化。雖然這些作品在認識上仍然帶有時代的局限性，然而却是那時最爲珍貴的聲音。

另一方面，在學術上，中國文化母體内『經世致用』思想與資産階級思想相結合，也喚起了變革，以康有爲、梁啓超爲首的改良派試圖通過自上而下的革新以實現變革。康有爲的《新學僞經考》《孔子改制考》就是借經學之表論資産階級學説之裏的著作，康有爲的弟子梁啓超更是通過《新民説》一書提出國民性改造。與早期啓蒙者『師夷長技』的器物文明引進不同，梁啓超上升到形而上的精神領域，從文化心理上更加徹底地進行變革。梁氏是清朝末年到民國初年一個橋梁式的人物，被譽爲『輿論之驕子，天縱之文豪』，其影響力不但在學術領域，同時還在文學領域，他所倡導的『詩界革命』得到了譚嗣同、黄遵憲、丘逢甲等人的響應，黄遵憲的《日本雜事詩》，丘逢甲的《嶺雲海日樓詩鈔》都體現了這種主張。這一主張要求反映新的時代和新的思想，用『我手寫我口』（黄遵憲語）的方式直抒胸臆，對長期占詩壇主流的擬古主義、形式主義産生了巨大的衝擊，解放了寫作者的心靈和頭腦。

與社會變革同步的是早期對西方思想著作的翻譯，這裏面影響最大的是嚴復，他翻譯的《天演論》《社會通詮》等書直接孕育了民國一代的知識階層。魯迅、胡適等人在文章中都曾提到《天演論》對他們思想所産生的震撼。與嚴復略有不同的另一位翻譯家是林紓，他的譯作雖然參差不齊，但却在更細膩的心靈層次對讀者産生影響，許壽裳曾回憶，他和魯迅都熱衷于林譯的小説，如《巴黎茶花女遺事》《黑奴籲天録》《迦茵小傳》等作品。

辛亥革命之後，進步社會思潮成爲主流，比之清末思想啓蒙者『求存』的追求，民國以來的知識階層深入到了更加細微的肌理，一方面呼唤社會變革，另一方面進行點滴的建設，革命并不能使所有的一切一蹴而就，在更加深廣的領域，事物的改變是由微觀而宏觀。通俗地説，比之于革命，建設的意義更大。如《中國商業史》《中國教育史》《中國倫理學史》《中國哲學史大綱》《中國小説史略》等一大批作品都是進行系統的梳理與建設的理論作品。其中，以胡適和魯迅二人的影響最大，他們的作品一紙風靡，從而成爲新文化運動的主力人物。

《清末民初文獻叢刊》收録的文獻大致上可以分爲三個階段，其中龔自珍、張之洞、魏源、郭嵩燾、薛福成等人的作品可視爲『早期啓蒙』，康有爲、梁啓超、黄遵憲、嚴復、林紓等人的作品可視爲『中期啓蒙』，胡適、魯迅、蔡元培等人的作品可視爲『晚期啓蒙』。當然，這種劃分并非嚴格意義上的，大部分啓蒙思想者隨着時代的變化，其思想在不斷進步。縱觀整個近現代史，可以發現，要求變革不是在某一個領域，由某一類人發起和完成的，而是全社會的要求。

變革，已經成爲全社會的共識。

從清末民初的文獻中，我們能够發現一種豐富性。這些作品涉及政治、經濟、軍事、教育、外交、宗教、心理、情感等方方面面，從内而外地凈化着中國兩千年以來的封建積習。它不衹是對社會的改造，更是對人心靈的重塑；它首重國家社會之建設，同時亦重靈魂心智之唤醒；它是宏大的，也是微觀的；它是嚴肅莊重的，也是活潑靈動的；這些作品結構精巧，思想內容深刻，擁有濃厚的人文主義色彩，對推動社會主義建設，實現中國夢有重大意義，是近現代中國一百年來最宏富的智識與情感的寶藏。因此，整理這些文獻作品，無論是出于資料保存的目的，還是爲圖書館提供資料副本，都有不可估量的意義。

特定時代下的文獻，當它一旦形成（既指草擬，創作的完成，也指其成爲一個載體），就不可再複製了，也就意味着它將面對消亡。對于文獻資料而言，越接近歷史事件發生的時代記録，越具有研究價值。文獻本身具有不可再生性，它衹會消亡，而不會增多。盡管文獻本身的文字可以保留下來，并進行傳播，却失去了當時的時代氣息。當時的作品可能在技巧上，文字的成熟度上不及當代，但它所負載的信息，創作者的情感都反映了當時的歷史，也就是説，它具有不可替代的歷史意義。

影印的版本有三個特點，第一是擁有文獻的『原始性』；第二個特點是『未經改動的』；第三個特點是『歷史的原貌』。所謂『原始性』，也就是説，它是第一手資料，而非轉述的，回憶形成的；『未經改動的』，是指未被篡改、删節、挖補的；『歷史的原貌』是指在影印製作過程中，完全依照文獻的原來模樣……這樣製作出版的作品，無异延續了文獻的壽命。

近現代思想史上的一個最重大的思潮就是『開放』，從林則徐的『開眼看世界』到蔡元培的『兼容并包』，都是在倡導一種開放式的胸襟。而《清末民初文獻叢刊》最有魅力的部分就是『開放』這一主題，衹有融入到世界文明發展的進程中，中華文明纔能歷久彌新。

《清末民初文獻叢刊》編委會

二〇一七年四月十四日

# 凡例

一、《清末民初文獻叢刊》（以下簡稱『叢刊』）爲影印本，舉凡所用之底本，均爲該書之早期版本。有清末刊本，亦有民國印本。

二、《叢刊》均依底本影印，未予删改；原刊本有誤，不予校改，以保留文獻之原貌。

三、《叢刊》所用之底本，因時日久遠存在漫漶的情況，均進行了修復；底本闕文、印刷不清，均保留原貌。

四、爲讀者閱讀之便，《叢刊》中之舊底本目録未標記頁碼者，編了目次；原底本有頁碼和目録，未予重複編目。

五、爲保持文獻的原始風貌，影印本保留了原書書影（原書爲多册，則保留第一册書影）、扉頁等信息。所用底本無相應信息者，則不予妄添，以免錯訛。

# 目録

澤雅堂文集序

此總角交施君均甫之遺文也均甫負異才髫齡即以能詩名少孤奇窘爲童子師以養母不數年入邑庠庚午登賢書兩應禮部試不讐遂遠赴蘭州投左文襄軍營留佐幕府薦擢至府同知戴孔雀翎旋因公鐫級時張勤果以副帥駐軍阿克蘇城出關五千里往依之勤果甚重之倚如左右手嗣勤果入都暨開閫山左咸隨其行俾總理營務積功迭保至候補道加二品銜越二年入　覲爲部臣持其短長勤果具疏力辯奉

特旨以原官原銜發往山東補用初均甫在都因拂
鬱病齒頰腫腐又誤於藥及抵山左勢加劇币月遽
下世烏虖傷矣其所著潛雅堂詩初刻僅六卷其餘
未刻之詩古文稾勤果爲付手民迨潛雅堂詩二集
成勤果已騎箕而去文稾遂中輟未栞由其親串鄭
寄與余余乃函商老友潛園觀詧篤念故交慨許授
梓居然告成此編是也均甫自以　特用道員得缺
當易以爲眞除後即相招可遂聯藝之樂詎意竟成
虛願艮堪浩嘆至其爲文議論縱橫時露精悍之色
蓋頗肖其爲人憶於弱冠時嘗屬余鐫小印曰我輩

豈是蓬蒿人惟念均甫以有用之才遽止於此雖未得展其抱負然是區區文字亦足以長留天壤均甫豈眞蓬蒿人哉

光緒癸巳春王月淩瑕

# 澣雅堂文集目録

卷一 論說

卷四 記

卷七 題跋 銘

# 澤雅堂文集卷一

烏程施補華均甫著

## 論過

天下之無過者聖人而已下此皆不能無過其有終身在過中而人覺其無過者鄉愿也聖人之無過全於德也鄉愿之無過善於飾也且聖人不自謂無過孔子曰加我數年五十以學易可以無大過矣人非聖人無由知聖人之過爾顏淵不貳過固常有過矣改之速而不貳耳孔子薦之子路人告之有過則喜勇於欲改焉耳改與否未可知也孟子稱之若是者

何也崑山之玉而有微瑕焉瑕之外猶是玉也磨而治之去其瑕焉亦可矣以爲瑕而棄之必求所謂無瑕者吾慮其得碔砆也蓋無瑕者天下之至寶而反可以贗託者也然則觀人者當知觀過矣過之中有顏淵有仲路有非顏淵仲路而可以爲善之中人過之外一聖人衆鄉愿而已聖人者千百歲而僅有者也其求於人者必聖人而止其得於人者必鄉愿而止矣棄顏淵仲路與凡可以爲善者而得鄉愿吾見其惑也鄉愿可以無過必不能爲善者也夫無過而不能爲善與有過而可以爲善君子辨之矣是故責已

以嚴而論人以恕

## 正矯

原壤之母死登木而歌孔子若爲勿聞也者而過之弟子問之曰親者無失其爲親也故者無失其爲故也孔子之親故有不孝若是哉非也彼疾夫禮失則僞世之治喪者徒以外飾也思以其身矯之哭云乎哉雖歌亦可矣致其情所以盡哀也哀云乎哉雖樂亦可矣忘其情所以觀化也矯禮之失至於廢禮而任情冥情而乘化視送其母之死如送歸客焉高明之極入于異端愈矯而愈失者也莊周之書有曰哭

踊哀經隆殺之服哀之末也又載顔回問於孔子曰
孟生才毋死而不哀而以善喪蓋魯國孔子曰孟生
才盡之矣進於知矣彼有駭形而無損心有旦宅而
無情始原壤殆其流亞歟夫先王之制禮也於喪事
爲加詳至於嚴親之終尤爲喪事之大自天子以至
於庶人盡其哭踊之節哀經隆殺之義而後天下有
父子也以禮爲僞而一決其藩猖狂恣睢之行足以
亂天下矣禮也者制情者也情也者制而後可用者
也情不受制而放焉其上智爲異端異端亂天下之
鄙也然則孔子奈何曰喪與其易也甯戚救禮之僞

而示之眞也曰道不同不相爲謀絶道之歧而守其正也所以治異端也於原壤存其親故無望於親故之外也亦以治異端也微言爾他日夷俟則曰老而不死是爲賊顯言爾春秋之作也微而顯志而晦於原壤施之

食報

同治十年四月今副帥張公攻甯夏之回破納家四堡俘其衆三千八張公擇壯佼善戰者殺之問其餘曰何故復反曰久與官和矣陜賊西來主者恃之故又反公曰汝輩故百姓也抗官曰反從官曰降誰與

汝和敢言和者斬既而復言之公怒以屬諸將諸將恨士卒之死傷也將盡戮之桐城汪君景度方襄軍事趨告於公曰如賊言殺之當雖然不肯言降而言和與不知言降而言和半焉必有以辨之多殺何爲公曰諾一一自鞫之釋其老幼婦女凡活八百餘人光緒八年三月公以語補華且曰汪君有二子賢而能文聯翩入庠序矣將食活人之報乎補華應曰然退而告人曰亂民擬敵國狂悖甚矣借曰無知誠而不改正其名而殺之義也憫其愚而救之而聽之仁也義終於仁合天道焉其應食報均也汪君先之耳

無張公之義而有汪君之仁不足以止亂

## 天道

客問於施氏曰李兆受詹啟綸陳國瑞三人者皆爲悍賊皆降皆好殺人皆立功皆獲罪兆受啟綸皆以誅死國瑞遣戍黑龍江病卒

朝廷復其原官建祠立傳其始皆同禍福之終何異耶施氏曰嗚呼此可以觀天道矣啟綸之事吾勿能詳兆受則方其爲賊賊也及其爲將賊也至於黜而爲民猶之賊也好亂樂禍濟之以貪行之以狡不受誅無天也國瑞雖號好殺其隨僧忠親王轉戰河南

山東忠勇無敵使忠親王不死國瑞久受駕馭功名成就可量哉不幸軍敗王薨並時稱帥無能用國瑞者抑且忌之賊平而身廢矣又以袒啟綸之故深致其罪而遠戍之夫憑意氣然諾而不衷於禮與事勢異而疑忌衆不知所以自斂僅武人不學之失耳然其坐廢也無怨言其遣戍也無違命其在戍所俄夷內犯憂憤流涕以至於死豈兆受啟綸之用心哉莊生有言天之於人不報其人而報其人之天兆受啟綸之天賊以賊報之國瑞之天忠以忠報之所以見天道也曰是則然矣兆受啟綸悖虐無道科其死罪

歲月有之皆以倖脫若天相焉而死於小罪何耶曰人之凶燄與世之亂氣適然相值天亦不能遽取而徐待之以熟其惡而盈其貫乘其既衰以致罰焉而國之刑以及之自古以然豈唯兆受啟綸然哉亦所以見天道也若夫以國瑞之忠而終已無後則好殺人之故也天於國瑞各施其賞罰而無頗焉而兆受啟綸求一日病死而不得疏而不漏焉可誣哉客退而告人曰吾乃今知有天道

## 表微

或問曾子之妻爲其姑蒸黎不熟曾子出之有諸曰

於情事有之曰蒸藜不熟小罪也爲妻而至於出大罰也加小罪以大罰可乎曰此曾子忠厚之至也曾子之妻必有大不得於其姑者姑性之嚴歟婦道之悖歟不可得而言也曾子若據是出之其妻蒙不順之名不可以反歸不可以更嫁生人之道盡矣豈以處棄婦而安慈母哉唯是蒸藜不熟以爲事姑不謹失之小者耳由是以出謂曾子薄於其妻亦失之小者耳其事可原其名可受以小失掩大惡非以小罪加大罰也棄於夫家猶可以母家也誓於曾氏猶可以他氏也絶其爲婦不絶其爲人故曰忠厚之至也

若由其迹觀之里巷狂暴所不爲而可以疑曾子哉

防詐

左文襄公重人勤苦之行爲陝甘總督有秦州知州彭某垢衣惡食堪人不堪出無軒蓋跨蹇羸從羸僕躊躅鄉邑間文襄稱之曰此廉能也官事必右之而下攘上訐僚長以目有大通知縣邵某師彭之爲而加甚焉文襄稱之曰此廉能也官事必右之而下攘上訐僚長以目兩廉能者後皆以富歸及討新疆之冋移軍肅州闢地十數畝以爲蔬圃而令材官爲之傭文襄旦起治文書接賓客倦則扶杖游於圃有材

官吳某者時文襄之出短衣敝屣擔糞趨過其前他日時其出日其糞而燥焉他日時其出水其糞而灌焉他日時其出土其糞而掩焉文襄目中無勤苦如吳某者用爲肅州金塔副將其後以贓敗

## 旅說

易旅卦外離內艮離火文明艮山阻止才士而爲羈客當之旅之道喜柔而惡剛乾寄坤家而失其勢剛不可用也互巽與兌巽爲順兌爲悅客順而主悅安於所旅是故柔者吉也三在下卦之上四在上卦之下似客之已貴而未尊者以九之剛其氣甚亢三地

危故旅焚其次喪其僮僕貞厲四位僭故旅於處得其資斧我心不快三以亢遭窘四以亢取厭也上與三應而又用九焚其巢猶焚其次也以其自居益高故謂之巢而鳥之先咲後號則以猖狂見辱悲生於心喪牛於易凶則并其任載行李者失之所喪不止僮僕矣愈亢愈窘見逐而無所容之象故剛不可以處旅也六二柔居陰位旅即次懷其資得僮僕貞六五柔居陽位射雉一矢亾終以譽命柔居陽位猶獲譽命則反是者可知矣然稍見其才而射雉即有一矢之亾旅不可以負氣并不可以見才巽之至也唯

柔其氣不當卑其志初六曰旅瑣瑣斯其所取災又以柔失之而豈巽之謂哉大抵其氣愈亢則其志愈卑外强者中必乾故困於旅則一也有才士爲羇客者以亢見罪施子冀其以巽自免也作旅說貽之

## 蝗說

光緒戊子余在濟南自三月至於五月不雨麥收甚薄畝不過數斗黍稷之苗日以黃萎禱祈無所應蝗子蝡蝡出土中已而生股而行已而生翅而飛其飛蔽天而下當所下處黍稷之苗立盡愈捕愈衆民仰天而哭六月三日雨蝗不能飛宛轉泥淖中遂與泥

俱化嗟乎此盜賊之所以興與所以滅也盜賊可盡捕哉

李德裕論

道德之士所以輔太平也功名之士所以定禍亂也道德之士竭誠事國有好惡之正無恩怨之私功名之士則才與識足以救時如藥之有峻品決壅破滯通達三焦而性不能無毒蓋聰明材力加於人人無道德以涵養之於是恩怨著於心未能自化也然用以起委墮重腿之疾收效甚多深於醫者知其性而制其毒遇其疾而投之故峻品亦聖藥也若留其毒

而用焉必以療疾而滋疾昔者嘗怪唐世李德裕歷事穆敬文武諸朝其帥浙與蜀咸有異政在蜀控馭蕃種才過韋皋及相武宗平劉稹誅楊弁詔諭何弘敬王元逵深中機宜算無遺策元和以來國威再振如瘦人之漸起不可謂非救時才相也卒與牛僧孺李宗閔輩結怨至深分為朋黨宣宗臨朝遂以貶死未嘗不惜德裕才有餘而德不足恩怨著於心不能自化而因以自累也雖然任德裕者誰乎文宗謂去黨難於去賊是惡峻品而不用者也武宗相德裕知用峻品矣而未能制其毒故賴其才以指揮區處戰

勝於朝廷不知去其枝心抑其盛氣披其黨而安其仇使不快心於報復救時之相得以功名終爲醫之技拙匪徒藥之性偏也使德裕得遇太宗封倫魏徵各有位置安能與僧孺宗閔互爲報復哉且盡其才識功名所至甯止於是乎惜乎德裕之峻品而遇武宗之庸醫也吾觀德裕於穆敬之朝雖在外藩不忘忠諫其獻敬宗丹扆六箴尤得引君當道之意是未嘗無道德者特以涵養未深恩怨萌芽不能悉去及其入而輔政權勢益高德裕之黨又從而搆扇之毒發於心莫能自制任德裕者又不知所以制之以致

反而自中其毒功名不終朋黨益起身與國咸受其累焉嗟乎有救時之才而不獲竟其用其人之不幸亦其國之無福也使武宗有以制之貞觀開元之治不覩於會昌哉故吾於德裕之事不忍咎藥而咎醫

## 張居正論

任天下之大事者負天下之大才者也然有其才而氣亢不能下量隘不能容則適爲天下樹攻擊之的矣其間復以偏心私意施之於事則慮攻擊之未力更遺之具矣若是者勢力雖厚功名雖高未有不終於喪敗者也昔者蜀諸葛孔明受遺輔政宮府內外

一身任之上自後主下至老臣宿將帖然無有忌疑
之意身死而名德益長是挾何道哉澹泊寧靜不以
盛氣加人也開誠布公集思廣益不以褊量自用也
放李平誅馬謖一本天下之公而府無餘帛庫無餘
財不以偏心私意施之於事也夫大才者小才之所
忌不才之所懼也萬金之子恃其豪富德惠不及於
鄉鄰則羣刺其陰事而證之必破其家始快也吾觀
張居正之相神宗十年之間尊主權課吏治弭邊患
裕國計循名核實起衰振墮萬里之外號令必行不
可謂非天下才也然方柄國時劉臺劾其專擅余懋

學識其煩苛吳中行趙用賢於論奪情之事詆其忘情貪位及身歿未兩年言者蜂起遂發其交馮保陷遼王之罪盡奪爵謚籍其家而戍其子而後世目以權臣以吾論之專擅煩苛之論不足以服居正之心而奪情之事居正亦有以自辨至交馮保陷遼王事雖有迹亦不如言者之甚唯其氣亢而不能下量隘而不能容有以攖天下之怒而致其攻擊身死名裂其罪遂至今莫白也何則人臣遭國不幸輔幼主總大政無所作爲則天下漸卽於亂而己受推諉之罪有所作爲則天下雖卽於治而己受專擅之罪夫伊

尹之相太甲周公之相成王天下政令一出其手雖仲虺有所不與召奭有所不喻由其迹觀之亦不免於專擅也然考其用心察其行事唯有益於國家大計而已無所私故至功成論定謂之任重不謂之盜權劉臺劾居正逐高拱用張瀚贈朱希忠王爵誠亦無可解免然其他作爲有益於國家不少是猶公私相參功罪相抵雖不類伊周之任重亦非同莽操之盜權也至謂作爲煩苛欲繼以寬大之政則尤不達時務之說夫居正舉先代成憲挽當時獘政非若王安石之變新法也明之中葉士大夫習於一切苟且

之治而奸吏貪暴勢豪兼并小民困窮天下岌岌不可終日居正立章奏考成法立廉能召見法度隱田革加派免逋賦其勤於官事如鞭瘻者而使起其懲奸吏抑勢豪恤小民如奪飽者以予饑天下遂將亂而仍治誠達於時務者所爲也嗚呼以因循不治爲寬大以振作有爲爲煩苛使天下如百年老屋望之巍然而欂櫨榱桷日朽月腐一旦風雨至敗壞不可救此庸臣所不恤而忠智之士深悲遠慮汲汲以圖之也令居正當洪武永樂朝甯不知以簡靜爲治哉故曰專擅煩苛之論不足以服居正之心也奪情之

事史謂居正聞父喪帝雖遣使慰問未嘗有意留之居正自以握權久一旦去位恐人謀已侍郎李幼孜太監馮保遂承其意以中旨奪情天下後世用以爲居正罪此史臣厚誣之辭不可信也按太岳先生集載居正聞喪疏請終制者三帝留之亦三每留益切要以先帝之付託動以藐躬之幼沖並述兩宮大后之命聞居正去位若嬰兒失乳皇皇求其慈母者其書具在可以覆按豈得謂無意留之耶至請之不已乃遣太監魏朝與其子嗣修馳往治喪其後居正歸葬又遣錦衣指揮翟汝敬馳趣還朝由此觀之當時

奪情乃太后與帝之意非居正謀而得之者也特以怒吳中行趙用賢輩之攻已激帝廷杖四人天下遂深惡而厚誣之耳且君父一也不忍於死父不忍於先帝不忍於嗣皇留則無父去則無君有聖人作金革無辟之外當立一義以處此吳中行輩所論守經而未合權不足以定居正也故曰居正亦有以自辨也嗟乎以居正之才與得君之專行政之久使能少自歛抑內主獨斷外示和衷取天下弊政從容改易不爲嚴厲操切之象士之持正論而迂闊者姑存其言而勿與爭使無所憤激因以整綱飭紀移風易俗

天下當益進於治有斂抑之意誰謂之專擅有從容
之時誰謂之煩苛至於奪情被論當請帝明諭廷臣
述所以再三留之指達一已之隱衷而不拂天下之
公義則如居正者天下將信爲社稷重臣矣彼結內
侍昭親藩誰肯攻之身後以興大獄哉且吾觀太岳
先生集其與內侍書札皆能規之以正爲馮保作生
壙志亦以忠貞相諷遼王自以罪廢居正始終未嘗
坐以謀反若謂洪朝選往勘不希居正指羅織是時
居正當國何難更遣一心腹按之至王妃所奏府中
金寶盡歸居正及籍居正家幷其親族所有不過黃

金萬兩銀十萬餘則事之有無不待辨而明矣故曰不如言者之甚也抑吾聞之物必先腐而後蟲生主必先疑而後讒入史言居正侍講筵帝讀論語勃如戰色譌勃爲背居正厲聲訶之帝爲驚起則當時帝之敬禮居正制於太后而有然而心之疑忌固已甚矣霍光得禍萌於宣帝之如芒刺背李德裕得禍萌於宣宗之毛髮灑淅居正得禍萌於帝之聞聲驚起是氣亢之爲害更甚於量隘也不然帝雖無道居正以師保之尊功在天下豈得因羊可立江東之一言遽籍其家戍其子哉論語記孔子君在踧踖如也與

上大夫言誾誾如也秦誓曰若有一个臣其心休休焉其如有容焉世有如居正之才者乎願持此語戒之

# 澤雅堂文集卷二

烏程施補華均甫著

## 上張副帥書

新疆貿易各外部其顯隸於俄者塔什干安集延而已此外布噶爾愛烏罕乾竺特巴達克山克什米爾之屬在中國皆有羈縻勿絕之義而沿邊西南布魯特西北哈薩克尤外部之最親近者今俄人行貨天山南北得免稅釐而各外部則否是俄人獨獲贏餘外部無不折閱矣何待俄人厚而外部薄也俄人敵我者也外部附我者也肥我所敵瘠我所附是謂驕

掊枝指連無用之肉割以益人之食也且外部之坿我者能甘心折閱乎諸夷性情唯利是視苟見俄人得免必折而坿於俄凡非俄人皆俄人也凡非俄貨皆俄貨也甚至纏商華商之黠者亦假借蒙混於其中中國辨之俄人庇之恐其生釁又强聽之爲坿中國利乎爲坿俄人利乎從此堅其所嚮矣故失物稅尚小而失人心尤大孟子曰爲淵毆魚者獺也爲叢毆爵者鸇也今爲俄人毆各外部與纏商華商而歸之是籌邊何策也各外部歸之新畺之手足痿纏商華商歸之新畺之腹心傷人苟手足痿而腹心傷有

不僵仆者乎直立而俟之耳噫嘻新疆無十年之計矣居今救之之術獨有仰乞

天恩明降　諭旨謂新疆通商辦理之始陸路廻遠運載綦難宜廣招徠且存體卹凡貨之出關者進卡者兩年爲斷概免釐稅兩年以外一例徵納云云則

朝廷之恩無屬不被非爲俄人刼持而然也　國體存人心服敵計窮邊事辦矣事理明白聽者易從一疏爭之可允也公以爲何如

上張撫部書

一昨以覆陳河務屢與公爭非好爭也重大之事而

親厚之情必有幾微之未安求嘿嘿而不得也況補
華所爭意不在河務一疏公以布衣徒步奮起光固
之間爲令牧則有治績爲將帥則有戰功吏才兵略
國論民譽二十餘年以前天下稱張某者固以爲當
今奇士轉戰而西甯夏悍回爲獮草薙出嘉峪關規
復新疆西至漢書溫宿疏勒之地誅其酋而安其衆
闢其荒衍養其瘡痍正其風俗誘之以禮義鳥言獸
面之民信極而感生畏終而愛切安集延俄羅斯外
國商民咸受約束馭兵之肅責吏之寬待士之敬新
疆三帥而人心仰服獨有一張是殆名臣之選奇士

不足以盡之萬里徵師宿衛　京國忠勤恪慎　兩
聖歎之王公大臣執手推慕曹部賢能翰林尊宿爲
誠報禮日接於門此必蓄積於中而後傾動於外者
進秩尚書換職巡撫簡自
帝心而有視河之　命補華不必上方古人請問咸
同已來三十餘年達官貴人現今在者才能譽望以
及際遇之奇如公凡有幾茂輩然則公之恃以不朽者
多矣大矣精神智慮當留以報　國救民慰天下之
望者用至廣矣事之小小其於精神智慮宜有重惜
而無輕耗沈慶之有言耕當問奴織當問婢疏奏書

問幕府文學所司耳公但授之以意使好爲之而討論其未合者幕府文學用專一之技盡營造之功必能悉如所指何事濡毫伸紙與爭勝於文字之間且文字之事在乎操之者熟操之未熟而急求之於意於詞於氣必有信於心而疑於手神煩志沮終亦未工耳夫幕府文學何必不爲公屈伏所可惜者精神智慮止有此數於小者竭之將於大者遺之耳爲公今日計獨有治文書接賓客之暇息心淸坐使一日之中精神智慮勞有所休消有所長則誠不朽之助耳疏奏書問縱能極筆舌之能於公何加毫末哉舍

其所以在彼而勤其所以在此少為奇士壯為名臣及乎將老日不暇給復與文人爭翰墨之長天下將笑爲以不朽之大易自用之小也公亦爽然自失矣無任冒昧不宣

復許萊盟先生書

正月之初捧誦賜書循環再三且愧且感伏維履道貞吉既壽且康補華自去歲秋間常常小病心煩口渴逼夕不寐治之時止時發積至正月中旬傷寒大作醫者又誤用附子乾薑遂至增劇比來服湘陰焦君之藥疾以漸減然諸患雖去以前藥傷損少陰喉

痛便結久而未解以此悟凡爲天下之事者苟誤用其方未有不見禍當時遺害他日者也以强失之者誤用熱劑例也以弱失之者誤用寒劑例也今國家治新疆待俄人殆誤用寒劑矣疆臣如劉如金如張皆兵力强盛可戰可守而又明於和夷之利害然三公者可以論病而不能主方其主方者使臣與樞臣而已俄人曰交還伊犂宜償兵費盧布九百萬則曰如約曰伊犂回人願爲俄屬聽其於三年中遷徙則曰如約曰交還伊犂後俄人須駐兵一年保衛遷徙之民則曰如約曰阿爾台山喀喇庫爾納林橋諸地

宜歸之俄則曰如約曰俄人於天山南北行貨暫免
稅釐則曰如約曰喀什噶爾吐魯番嘉峪關須設立
領事則曰如約如約者主方者也每主一方則益一
病今日如劉如金如張分鎭兩疆但能保身之不死
不能救病之不增異時和議成而班師詔嗣其後者
苟非其人本病既深他病雜出必不可爲諱矣嗚呼
補華之病誤用熱劑者也所幸有焦君者挽回於其
後故去病速而遺害小　朝廷之上左右用事之大
臣獨無如焦君其人乎而忍視俄夷之病新疆也補
華在新疆僕御侍疾之列耳非唯不合主方抑且不

敢論病獨以病之進退爲心之憂喜惴惴然日虞其亟已耳承示歸老以後所得詩篇至千餘首之多養沖宜鬱抑病之一方也俟之異日願註疏以傳之

復陳子餘書

惠書拜悉執事於萬里之外百事之旁伸紙和墨與蕉萃故人相應答言之而極其文文之而盡其情而於補華之所遇尤爲徘徊嗟嘆致疑於天之相忌感與慚弁不可名說雖然天之於人凡所以屈抑而挫折之者將有所成非有所忌也其或感奮而興或伊鬱以死則視所稟之堅脆能受此屈抑挫折否耳夙

霜之所加蒲柳先零而松栢愈茂豈謂天之有忌於蒲柳也夫人所貴者功名祿位而已行誼文學而已持我之志與氣與屈抑挫折之天相支拄而徐俟機運之轉機運而遂轉不有得於前必有得於後也機運而未轉不有得於此猶有得於彼也夫蒲柳之不足以成天固無如何矣自司馬子長韓退之柳子厚之徒出疑於天之忌才著之文字自補華觀之天工人代人苟有才天之所助何爲忌之自去其所助耶欲其相助則期其有成出此屈抑挫折以爲成之之具不知者見爲相忌而已矣嗟夫號物之數有萬人

居其一號人之數萬萬補華居其一天於人數萬萬之中如補華之陋不足以相懸甯足以相成而屈抑挫折如是其不偶然也補華敢致疑於天哉承示云云甚感甚感異時折羽翔而損鱗縱執事之賜也暑月至矣凡百珍重

復陳子餘論韓文書

惠書十誦具悉一一就中述曾文正語謂善學退之者莫如王介甫名論不磨十分佩服退之自云非三代兩漢之書不敢觀故其於古人之文無所不學而融洽變化自成一家書之誥誓詩之雅頌周官之攷

工爾雅之訓詁春秋三傳之屬詞比事孟軻荀卿氏之議論屈原氏之哀憤莊周之荒唐司馬遷班固氏之史才董仲舒氏劉向氏之學術揚雄氏之文章讀退之諸文往往遇之而要非古人之文退之之文也所謂攬羣言之總起八代之衰此歟退之傳李習之張文昌皇甫持正持正傳來無擇無擇傳孫可之習之無退之之奇傑而蒼渾類之如梁父之於岱也持正專學奇傑巉削而無厚氣可之專學巉削狹小而無高識其在退之之家不爲嫡子冢孫宋初學退之者爲穆伯長而歐陽永叔書舊本韓文後自謂得退

之眞傳然觀參軍文集無五代習氣已耳豈能高步退之永叔俯仰揖讓有李習之之態蘇明允常稱之以視退之筆有剛柔氣有陰陽詞有繁簡神與貌均不能合介甫健勁故於退之獨近退之學古人盡得古人筆法介甫學退之半得退之筆法退之健勁而骨肉適均介甫則骨多而肉少其轉折頓挫雖似退之往往筋橫氣促無舒卷自然之樂然其造詣所至已足以敵習之可謂韓門兩大宗矣明人羅圭峰今人張皋文皆力學退之者其病在痕迹未化桐城自方靈皋以下皆知推重退之然桐城一派實導源於

歐曾託之退之以取重耳其筆其氣其詞固不類也魏冰叔有言韓公是山分文字峰巒峻峭歐公是水分文字波瀾動宕爲持論最平附去別弟文一篇近時所作亦學退之者也乞爲審定

復趙桐孫書

文字之難晚而益信小時作文氣高志盛妄謂古人不難到及年稍長而學漸進則視古人倘遠學愈進則視愈遠視愈遠則心愈降將策日夜以幾之而年運已往神明將衰人事相牽又層出而迭起今日取前作詩文觀之多有不慊於意者已且不自賞何

況他人乎何況天下後世乎若夫異日之所至則又可觀矣然則士不幸而以文字傳其學力之專一猶不可以假易也愛伯所稱殆其私好耳以補華自視良用欿然左右近著安得一一讀之問學造詣必有十倍於補華者至於歉不自足之心知彼此一致也愛伯讀書所得散見日記中編輯頗非易事所作詩文亦無定本去歲在都勸其早自部署文學甘苦寸心自知非後人所能盡喻也嗟夫俯仰古今蓋有功名之會士不賴文字之傳豈非甚幸歟比來精力能否如初手此敬候興居

與陶方之書

王君之才之識之氣之言論之文學補華目中未見有過之者十數年來足跡徧於秦隴滇蜀之郊西出嘉峪關七千里南出鎮南關二千里所至名公鉅帥皆待以奇士所任皆軍旅之事凡與王君同時者人材之視王君十駕而不能至名公鉅帥之待其人亦皆不如王君然比比得官以去小大不同各如其量王君今年四十又八獨無成就又無所賴以老於家夏間求食至山東張公待之甚厚補華與深交所以爲謀亦至迄無成就如故補華自論生平可謂困矣

詎意猶有如王君者今由齊之燕來謁左右其意亦無幾求欲就本班引見到省以閒曹終老左右能助其成否耶王君奇士也思以閒曹終老而猶待左右之助吁可悲矣然誠得所助而棄奇士於閒曹中此不獨爲王君悲也唯左右所以處之

寄龍仁荄書

前讀邸鈔知執事以尊甫之喪去官七月中又遞到訃音夫執事奉尊甫之命再任隴西日夜孜孜求古人所謂顯揚者報之而千里之違一日之變至於醫藥含殮之事勿獲躬親此其悼心失圖悲傷號慟豈

有虛詞可以解慰耶補華所最不然者節哀順變之說嗟乎生人之變有大於喪及父母者耶委心而順之視父母之歿如夏之有冬晝之有夜是孟孫才之居喪而後世阮籍陳壽之徒用以得罪名教者也孝子而忍從此說耶爲此說者導人於用情之薄趨禮之衰慰之者小而陷之者大豈居心忠厚之君子耶權焉而得其中期不滅性而已滅性則傷身傷身則致疾子曰父母唯其疾之憂長逝者之心與生存一也變不能順而性不可滅執事亦權之可矣湘中人云尊甫經營家事克儉以勤不使官中錢不用官中

物貽書執事勉爲循良審是則尊甫居心行事匪獨垂示子孫天下爲人父者皆如尊甫之教子爲人子者皆如執事之事父先生長者坐乎庭戶之間而河山千里之外風行而德被此豈僅家之賢父已耶誠得當世名公蓄道德能文章者紀其事以傳之以釋執事之哀而爲世之封君勸也豈非顯揚之終事耶喪之所歸衣服錢財皆執事家中所有用敢以書唁之補華近狀執事在艱危中亦不欲相告也伏維鑒詧不備

復淩子與書

手書敬悉埘致復公一件亦即日送去云待張運使抵任方爲作書先是子中有求於朗公致書張運使亦至今未作以此歎淵明所謂力耕不吾欺眞有味乎言之也天下唯力耕之事求之土不求之人求之而得顆粒皆我應有而土不居功吾輩未習其事誠悔之矣而數年以外又不知節衣縮食爲鄙夫纖悉之計至於垂暮不免有求於人雖所求無幾所求之人亦當世之賢者猶若不得已而應之則夫士之食貧而居下者屈心抑志俯仰於今之世也亦可悲矣士於當世之賢者猶且屈心抑志俯仰以求之則使

奔走於小官而遇不知誰何之人居其上欲有求焉又可知矣補華重於仕進之心又因兩君而見也嗟乎孰不使人求我而我求人也耶先此奉答不能覼縷見子中請轉告之

## 畬淩子與書

子與足下兄來七書弟去四書凡所欲言者一一具復矣承論漢宋儒者之言並詢弟讀書所得竊謂讀書所得不可以口言也獨可徵之行事凡行事公私之心抑抗之氣高下之識寬隘之衷絜其人之前後而有異焉且所謂公心抑氣高識寬衷有之於已而

不襮之於人焉則讀書之所得可知矣聖人没而大道湮七十子之徒止各得其性之所近至於漢宋儒者時與道合時與道離是非恃有勝心欲於考据訓詁義理之三者杓其一焉著書傳世則誦其所言爲我行事之證舍其不安於心者可矣無暇爲兩家别異同定是非也是故讀書所得爲已而已以爲已之疏密驗所得之存亡以是終吾身焉豈能外行事而空言之哉謝城先生詩第曾見其手寫本學人之言與嘲風弄月者根柢不同藐翁序文質實稱是姚春木所輯國朝文録有大字本乞購一部寄來

復陳藍洲書

闕展之事足下但見彈章故前書有追咎之詞是非日久而愈明此事之有無凡湖南北江左右浙東西文武將吏游士遣卒自南畺歸者道出武昌足下執一人以問之即知其誣不待華之再辨也至於左相見劾華亦不甚憾之韋處厚在中書而爲裴度所逐裴度固君子處厚豈小人哉一時之偏聽賢者有所不免耳若夫讒人側目鍛鍊媒孽又自古有之蠅之汙蛇之螫虎之噬非有憎於人其天性然也造物至仁不能使蠅與虵與虎不並生於宇宙之間又不能

生不汙之蠅不螫之虻不噬之虎易其本來之性天
且無如何而況於人哉避之不及避適與之相值亦
命而已矣所可喜者華雖遭此摧折平生剛正之氣
未嘗少餒將來以此任艱鉅成功名或再以此賈禍
皆不可知要無損吾胸中之浩然也豈以一蹶遂委
虵隨俗哉其間默自觀省凡一言一動偏激不平之
處則旋發而旋改之激則非剛偏則害正氣質所累
不可不除耳苟據義理之至足則鐘鼎在前刀鉅在
後不足以動吾心而挫吾氣蓋有以持之矣足下善
艮樂易情性自然但未知外物之所震能勝與否耳

數十年來天下士大夫以柔和畏慎爲賢而不貴骨鯁之節故不足以當大疑大難天下日卽於敝必有人焉支拄於其後而後可勝天下之變有其具無其時命也有其時無其具恥也與足下勉之而已

## 與人論文書

吾輩文字所以不及古人信乎術業淺才力弱也其大失在一篇之出必求勝於今人伸紙把筆悉心營度於意於詞之近且易者務盡去之用以奇古取勝及乎文字之成反與事理相違夫文字動人正在能盡事理耳事理具於人心或不能詳之於口取於人

心注於我手勝彼口所自道焉則天下之至文在是矣若與事理相違文字雖工如翦綵耳蟲魚草木安有生機哉退之作文最號奇古然集中書札往往如家人言何嘗嫌於近易也自後吾輩作文先治矜心勝氣推究事理力求其是斯得耳鄙近易而慕奇古殆觀乎其外者也

示彥詒彥振

吾幼時讀書鄰塾朝往暮還吾父設一撲滿於卧室之隅日令投錢五十文積至一千則以索貫之別儲一處常時紙墨之費則取諸此至端午中秋以及臘

盡以爲先生束脩之敬或薪米不給移用此錢臨時典衣以足其數或取吾母絡絲之值足之吾讀書至苦知其至苦心亦至專今所成就撲滿之力多也汝兄弟暖衣飽食延先生於家而日荒於嬉是吾前日以不得讀書爲苦汝兄弟今日反以讀書爲苦矣逸居而無教禽獸何遠乎今以此事告之懸諸壁間日一省視能戚戚於心則進矣如猶日荒於嬉頑石而廢井也下愚不移亦已焉哉壬午十二月喀什噶爾軍中書

## 復李學士師書

張季芳還伏讀賜緘及與張撫部書敬承種切並示八月間料簡入都無任喜幸補華在此間遇廣東京朝官語及海防莫不謂吾師左右薌帥持器之歙厥功甚大而於籌餉一端亦受鄉人厚謗補華謂自古賢人君子可以致天下後世之尊推而不能獲鄉曲之譽與免鄉曲之毀鄉曲者其迹狎其意私可以狥俗情而不可以行公道者也况里豪市儈錢財重而性命輕勢利厚而忠義薄常時宴巨商饋貴客百品之陳千金之贐選伎徵優張嬉設博無所顧惜彼用以爲餌將五倍其出十倍其入也至鄉里小小旱澇

以及恤寡存孤欲其少出財粟已如拔毛割肉其痛在心若夫國家有大征役中土之憂外夷之禍給軍興備邊急使分十一而助之則與其捐於官毋甯刼於賊財未聚而謗已騰矣任其事者復爲同閈其井之人則結怨尤甚或至以不肖之心度之性不忠愛俗不長厚難莫難於居鄉居鄉而籌餉又難之難者也然方事之殷羣搖衆懼吾師荷

國恩之重冐士望之高承友誼之誠而際財力之竭欲不爬羅剔抉任千百里豪市儈之怨以救一省之危徒以出師命將有事賛襄是工於避謗巧於居功

上負　國而下負民者也有識之君子所以曲諒其心深服其事實不在彼而在此今者和議已成防軍已撤狡夷窺伺雖不可知數年之間冀可無事幸於其間少得休暇儲我才力志氣立乎其旁以審天下之樞紐事至則起而執之此吾師今日事也賜緘所及已譶出處之宜補華復云云者慮爲蘇帥牽引未能果決耳幕府事省補華得以閉戶養心稍求實在旦晚望吾師來如赤子之待慈母也

復李悉伯書

惠緘拜悉伏維道履安適甚慰甚慰今日治河安有

奇計一如尊議逼海口疏河身培官堤固民堰而已就現有之財力指付得人四役並興各求其效古人之下策今日之上策矣朗公老於事者補華爲人佐亦有閱歷皆不主非常可喜之論也承示補華出都後常時有往還者頗肆詆議此殆無可較計者今日如得左右一詞之譽一字之毀則當瞿然於心何則君子之言信而有徵譽與毀足爲輕重也其他相知未深如補華之疏容貌詞氣必有不及自檢者以是詆議何以自解免乎且京師士大夫游處宴飲往往形容人短以相咲謔不必不足於心而故不足於口

又其習俗然也聞焉而怒誠淺甚矣反而爲仲山之喜亦非其情實也直如飄風墮瓦偶然被擊已耳西山夕陽其言悲愴獨不有古人之晚遇乎一日未死事未可知政須自壯其氣與年運相支拄耳弟服去官猶古之道京師人議論得毋如子厚所云孫昌胤之行冠禮乎補華今年五十有二不爲甚老然憶八九歲時隨先子過從里黨里黨相待白鬚髯者如孫黑鬚髯者如子無鬚髯而壯者如弟自視最爲卑幼忽忽四十年僅如一昔遂盡反其儕謂人弟者漸而弟人人子者漸而子人人孫者漸而孫人輩行尊而

年齒長固知來日之短矣現在今者惟一母舅年八十五以甥呼之一表叔年七十以姪呼之令左右乃肯弟畜豈非聞聲而快幸者乎老之慕少凡事皆然頭白面黎猶得爲人弟也家人書來大兒九月初舉一男與爲人祖孰爲人弟之樂歟去冬今春涉夏之半來往河干不遑啟處六月以後漸獲休止院署所居有林泉之勝日手一編閒吟清坐勞逸之相代若天運然秋盡霜清又領十萬指于役河干矣日出而起宵中方息每日食米得一斤半食酒一斤騎馬行數十里尚不知腰脚之困唯齒髮日徼不可奈何耳

左右清羸益以傷感甚以爲念

代張副帥復金將軍書

承示伊犂舊壤俄人於二月四日交還麾下即於二十二日整軍前進營度一切事宜并分布後路各軍使數百里間銜接一氣甚善甚善伊犂淪陷一十八年向時土著之纏民中原十五行省遣戍之罪犯索倫錫伯察哈爾以及綠營駐防換防之兵卒中原貿易之商賈與此四者室家子女肩摩轂擊充牣於九城之中自更喪亂饑饉刀兵流亡疾疫死者十之七八幸而尚存少者已壯壯者已老一十八年之間內

受漢回之侵欺外苦俄夷之征斂剝膚椎髓以爲供給吞聲飲血偷延視息蓋困苦極矣今得重爲王人如昏夜之復旦如爲奴婢而遭淩虐復還乎父母之側也其爲喜幸何如其望存恤何如所賴部分區處各遂其生而賑其不能自活者至伊犁四鄉纏民粟米之征薪芻之役牛羊駝馬之稅一二年中亦宜寬免築城浚濠成橋營室之事一資於兵不徵民力使如勞苦犇走之人得就美蔭休息調和血氣伸展支體確然知爲漢人之可樂此治伊犁之先務也漢回狠子野心決難馴擾凶渠悍黨以俄國爲逋逃藪祇

可聽之卽其留伊犁者固在推誠猶宜防變沿邊各
哈薩克兩國所轄一種所分骨肉姻婭聲息相通一
十八年之間服役於俄者久於俄則暱於漢則疏可
撫而不可信可用而不可恃若夫俄人留兵一年主
客羼處易致違言而通商免稅包攬必多委曲以狥
之事事處弱事事受欺而莫敢誰何非計也憤其處
弱受欺上疏力爭不計聽否易於得名難於集事非
計也貌弱而心強彼詐而我信隨時與事陰有挽回
而不爲決裂之舉及此數年休暇養民練兵壯其本
以勝之此治伊犁之至計耳雖然麾下提綱挈領者

也今日所急在得具邊才而通吏治者三數人分任其事從容治理此三數人者又在厚祿以贍之高官以期之使富而不貪勤而有賞然後各盡心力麾下得高拱而受其成辱承下問用布其愚麾下以爲當否

## 復王晉卿書

夏間託吳怡甫寄復一緘幷附所刻澤雅堂詩未審何時獲達嗣得惠書備承一一大著數種同時領到尙未卒讀也前見閣鈔知已選授靑神吾輩爲縣決無一切不肖之心特以親民之官隨事設施足以行

其所學耳然有四蔽必當矯拂者三不可矯拂者一一則通脫自便生而已然一日爲縣錢穀出入則有鈎稽獄訟情僞則有推鞫紛至沓來日不暇給意苦神煩久生厭怠此必當矯拂者也一則率意任眞心無虞詐奴僕胥吏因緣爲欺似直而訐似愿而奸乘隙抵巇飾以情理信之不疑爲其所賣此必當矯拂者也一則讀書稽古結習至深智慮精神半在載籍事以叢脞案或稽留文采風流誦於秀髦而民隱未察吏奸易滋此必當矯拂者也一則少日居鄉見貴倚勢富恃財摧壓賤貧無所不至及自聽理悉反所

爲貴曲賤直富絀貧伸持執成心或又謬誤此不可矯拂者也夫行其所學必依吏事去此四蔽視聽食息旦暮之間心之所縈獨於吏事如賈營貨農治田至纖至息不遺餘力生平所學運於吏事如鹽梅和羹但存其味耳高明察之以爲然否敬頌興居不一

復張廉卿書

廉卿仁兄有道九月十日書誦悉傾想之誠彼此莫二大著濂亭文鈔華於去歲讀之以柔筆運剛氣旋折頓挫自達其深湛之思並以經術輔之此於歸方作家所謂造其堂嚌其胾者也無任佩服所刻拙詩

皆四十以前之作規橅古人未離迹象乃蒙稱賞慚恧何如甲戌以後至去歲丙戌一十三年中續得千數百篇似乎變化從心能自樹立非於功力有加也自甲戌策馬而西踰秦度隴覩其山川雄厚關塞險阻與其人民性情習尙之殊廣野窮林堅冰積雪孤栖獨游感慨悽愴居左相幕府五年多識四方雄勇之士新疆之役身在事中事平出嘉峪關循天山而南經漢軍師後庭焉耆尉犂姑墨龜茲温宿疏勒諸國至河源三千里以上與鳥言獸面之民雜行襍處天時地氣更異隴中目見耳聞奇奇怪怪中間又被

謗讒遭彈劾憂愁疾病形狀憔悴神識顛倒爲俗子厭鄙譏罵仰視天俯視地萬里一身無可告語其遇至困其心至悲一一發之於詩又慮志之衰也蓄之使壯氣之激也揉之使和此一十三年來於詩稍能樹立勞苦患難而成匪由於呫嗶也異日録副當就有道正之古文初學永叔已而苦其才弱遂專力於退之退之之門習之深醇持正奇崛傳授所自並究心焉介甫晚出其文極似退之譬之於人退之肉堅骨峻介甫過於戌削骨多肉少往往露筋然彼三子者固爲善學退之者也循流沿涉歷有歲年又念識

其子孫不可不知其父祖退之之學固有自來於是求之左氏傳求之公羊穀梁求之莊子求之國策求之司馬遷史記求之班固漢書於諸書之中頗見退之寖淫而得者又欲專意治經通其微言大義以究退之根本所苦人事如麻分其日力心之所營而力不逮力之所赴而才不高才之所勉而年不假一技之末不獲竟其業以待其成況其大焉者乎此區區隱憾於中欲爲知已告者也霜風戒嚴千萬珍重

## 致尙雅眞書

雅眞仁兄同年從者前月使人至京師附致一函計

登記室茲奉惠書具承一一贈詩切深喜往復情韻至佳如坐從者於庭親其顏色聞其言論也至用偏愛之意爲溢美之詞則讀之涔涔汗下耳三文敏所臨蘭亭知次第刊竟欲弟作跋語以書喻禪弟於三文敏如上堂叅座末契和尚棒喝不敢妄有贊歎也見與朗公書近狀至窘粥米僕賃之資有待於接濟而猶汲汲於此事爲之啞然失笑昔者淵明居栗里甚貧顏延之贈錢二十萬淵明悉送酒家簞瓢屢空宴如也此誠賢達君子不以困厄累其心然揆之聖人之中道自當先朝夕之急而後及乎其他淵明之

事所謂賢者過之今觀從者殆與淵明同趣古今人
甯不相及歟趙公亦言某雖爲債帥交如從者頗欲
成其賢達之志能緩急其用時時出於中道則尤善
也附去舊刻澤雅堂詩及近刻詩話各一分乞是正
之敬請箸安

致尚雅珍閣學書

兩誦手復謙之又謙仰見君子之心至虛善受無任
敬佩弟於往還朋友間疏數厚薄淺深不能一致交
之淺者雖其人君子不敢與之言深分有所不可宜
有待於後也今從者於弟曲聽如此交不爲淺矣請

與深言可乎蓋從者憂貧太甚恐志氣爲之摧沮易困卦困亨貞大人吉夫至於困而猶亨且吉者以其具剛中之德又加之以貞也君子之處困其見於外者時其柔剛不以卑召侮不以亢取戾其存於中者則莫不以剛剛則志不挫志不挫則氣不餒志與氣足以禦困則雖朝夕不能自活此心泰然所謂困而不失其所也困而不失其所困亦亨困亦吉也顏子簞食瓢飲不改其樂曾子振履歌商頌聲出金石用此道也且唯剛中可以出困凡志氣不自振者雖處富貴利達無之而不困不獨貧爲然也剛中則不受

貧之困由不受貧之困卽不受富貴利達之困而亨且吉者在我矣此大人之事願從者振其志氣以應之者也必加之以貞者恐居困之極摧剛爲柔不能始終一節自棄其亨且吉者以致於失所也此弟所欲深言者也三文敏所臨蘭亭及從者自書者已從書肆取來自書甚佳亦何減三文敏也期許之過愧不敢當弟學術至陋又無史才何堪補脩十六國春秋耶

復孫少襄書

洋人議論以日本能改易國俗轉弱爲强崛起東溟

此雄西部自弟言之亦趙武靈王之變胡服耳其所以強乃其所以亡也日本立國千數百年國事領於上將軍而君建空名擁虛位於上上下相安未嘗謂異夫相安而不謂異至於千數百年必有可以久存者在也一旦斥去上將軍而收其權焚典籍改服色購軍器通盟會一以西部爲師而效法之練兵造船滅流球而窺高麗所費不貲多舉國債君與二三臣自以爲舊邦新命啟宇於東各國復從而慫恿之如沐猴冠帶勵以鼓歌婆娑而舞不知向之爲上將軍者其宗族姻黨能俛首帖耳老死於編民乎民習國

俗千數百年能甘心焚典籍改服色以從西部乎亦
刼於勢而不敢動耳高麗有魚爛之憂中國之力亦
不足以救之天將甚日本之毒而厚其敗或以高麗
畀之而人心未服國債無償吾恐螳螂之捕蟬黃雀
在其後也譬之虛損之人驟服金石峻品精神十倍
久之眞氣澌亡強陽飛越僵仆不能復救矣且商賈
貸人資本貨物之利先供息錢一日折閱則以貨物
抵資本而立爲貧人暴於外者甚而怨於內者深假
於人者多而有於己者少凡楚之存亡不知其誰屬
也所謂轉弱爲强者師外國之長而去我短窺外國

之短而用我長如是而已若弁本國之制而盡變之乃所以爲亡非所以爲强也請藏弟言十年而出之必如左劵矣台灣近事未審何如朱一貴林爽文皆由勾結番民起事台灣固不憂外釁而憂內亂也

與吳摯甫書

摯父先生從者津門客次快接淸光聞論古文之指歸佩服無已蓋生於方姚之鄉傳授有自學力又足以逮之故其言之深切而有味也補華二十餘歲時與同郡姚子展戴子高共學古文學之未成而姚戴相幾夭逝補華則犇走四方以營衣食竊見四方名

士爲此事者約有二途一則少習時文揲之太熟聲律對偶把筆卽來如油漬衣湔除不去一則力矯時文之弊掇拾奇字援用僻書棘句鉤章不可上口以謂二者雖不同術其於此事甘苦概乎未知不足引以求益遇有人事之暇求之退之介甫永叔之文歷有年所然用心雖勤用力雖久造詣之所及淺深離合亦不自知獨學無友年將老而業未成可歎也今聞先生之言論固知於此事甘苦歷之極深乃者棄官授徒舍簿書之煩專力於此事其必泓涵演迤日大以肆接迹於方姚無疑也雖死喪之戚憂患之集

不能無動於其心然於人事爲不幸施之於文字固自道其性情愁苦而易好也其能制感憤不平之氣一出於和平則視學道之所至而已觀先生之棄官授徒泊然自守不可謂非學道者也若補華則獨學惘惘有類宵行朋友講習之義尤有望於先生伏唯鑒其誠而終教之由忠之言不盡一一

復吳孶父書

令弟東來得從者五月十五日手書抑然自降若無能少異於庸人而稱許之詞越分踰量君子誘掖爲善之心固若是紬已以就人歟循誦再三惶恐愧赧

至疑補華前說欲制文章之感憤謂古來文章之佳者必有偏激不平之氣屈原莊周韓愈氏其尤最也雖視世俗小夫戚戚於貧賤怨天尤人與夫反乎此者睥睨一切譏罵笑侮不復自為羈檢其感憤之指不同而按其文詞要不得謂悉中於和節然而三子者之於道概乎有所聞焉者也愚謂執是說也不獨三子為然雖孔子亦有之匪兕匪虎率彼曠野吾道非耶閔窮也吾衰也久矣吾不復夢見周公歎老也手無斧柯奈龜山何嗟卑也豈得謂非不平之鳴哉然所為閔窮者閔道之窮耳所謂歎老而嗟卑者道

在於其躬以歲之不與而權之不屬堯舜禹湯文武之傳將自此而泯耳此如天地之氣陽鬱陰凝久而不泄發爲風雷而一鳴焉自然之應非别有偏激而然也夫人喜怒哀樂涵於性而著於情發而中節皆謂之和其無不中節者孔子也三子者文章誠有偏激不平之氣取其合於道者所謂怒與哀之和無戾於孔子者也補華前説亦懲世俗二者之感憤耳若夫人心世運與吾身之進退相係憂道之君子有所感憤而託之於文章而又迎而距之過其詞而揉其氣是亦怒與哀之和爲吾性中所自具雖三子去今

遠矣長言永歎其精神固流通於千百載之間而文章之佳無今古一也豈有頑然情索薾然氣盡反爲有得於道哉區區所見大雅以爲何如

致甯陽令

民饑甚矣鄙人被檄南來欲與諸邑大夫謀所以散錢出粟緩民旦夕之死古者行軍戰勝則以喪禮處之取其有戚哀之義民死於兵及與死於溝壑何異耶是可用爲事例矣鄙人所至勿勞置頓但埽溉一室可以栖止盛水滿器可飲可濯門外散隸二三人有事任驅使足矣凡飾於外者一切除之日食蔬米

自載以從民之糟糠而官厭魚肉尤非主所以敬客與客所以愛主也請自君始轉告諸邑大夫必諒此意

復朱伯華書

承示捍水情形仰見賢勞備至蟻穴無遺匪由天幸直賴人功甚佩甚佩山東之河一决於章邱再决於齊河三决於長淸水南入小淸河北入徒駭河章邱齊河長淸三縣以外高苑博平樂安禹城臨邑商河惠民霑化咸在衝波激浪之中死者不可較計生者數十萬衆蕩析無餘開口待哺困憊之狀啼號之聲

閉目掩耳不忍覩聽豈天將盡山東百姓之肉飽餓龍蛇耶抑釀亂蘊孽託始於河患耶蒼蒼難知憂患何極按山東大清河廣不踰二里狹不過半里河身淤塞平與岸等挈河南不能容之水悉以注之如百萬之師舍曠途而趨隘巷如飲酒者罄壺之所受而以樽盛之隄障又極卑薄欲求無決烏可得耶烏可得耶挽河南徙國力未能河不患山東必患直隸入患山東亦終患直隸天將於是安施耶人將於是奚救耶氣數適丁智能盡索如何如何日來奉檄振給齊河之民登高四望唯見滔滔臨書愴然不覺其詞

之廸

與寶竹坡書

先生天下之畸人也率性而行不事緣飾合乎天而遺乎人天之亨我也順之其困我也亦順之人之譽我也聽之其毁我也亦聽之凡所謂升沈榮落豐嗇樂苦變易於前者如吹劍首一吷而已矣其於吾心無一毫之增損塊然其處耶翛然其游耶仰視古俯視今愴然其悲忻然其喜莫省其悲喜之故耶其莊周列禦寇之儔耶非也廉正之守忠孝之誠根乎性而宰乎心莊列其外而儒其中者也補華之知先生

如此然而懷之十數年不求自通於左右何也山川阻長末由款接以謂先生之爲人我知之矣必先生之知我也士殉聲氣走名譽楞然無有者徧天下於先生無一日之雅何從而別我也日者汪生自京師來具道拳拳之意幷索刻詩然後嘆獨行之君子具有異量之美好善之優疇昔所隱度妄自外也刻詩自戊午至癸酉少作不足觀茲寄一分正之秋冬當至京師公事既畢乘單車從羸童出入蓬藋之徑遇有游服小冠徒行無偶而深秀之氣隱然眉眼間者知非他人必先生也將拉入酒肆狂歌痛飲出胸中

之奇而告之先生其許我耶

復李越縵書

越縵老兄同年左右胡伯榮來持有惠函具承一一四月間勛齋尚書出示手書尾有念弟之言及朱湯兩君還自京師復道左右之懇懇并其音問缺然之故固知我輩情好結自寸心不以形迹之數疏斷也左右生平諸艱備歷近歲家庭之變骨肉之慘憂愁疾病與世愈左而又凋年急景無田可歸宜其言之愴恨末由自釋然天之佑庸人而厄賢者自古已然莊生有言知其不可奈何而安之若命得之至也又

日凡之亡也不足以喪我存安其所無奈者則身世之所遇雖至困阨不能害其神明之和神明之和歷困阨而無害則已立存而不亡之本而施於行爲見之作述者皆枝葉之發舒附離於本者也左右志節氣誼學術文章爲海內士夫所推仰前後居京師幾三十年輩行之尊無與倫比雖蹇連浮沉於國家大計無能少有裨益然賴以行正道持清議聲望隱然賢者有所依歸不肖者有所畏憚後生小子從而考德問業有所師承又於其間竟其斐然作述之志以別没世之無稱外以成物內以成已就所居以爲量

於性分無有不足此其存而不亡者天亦不能恩左右也與左右親厚者冀左右爲試官綱羅天下方聞之士冀左右居言路陳政治之得失辨人材之邪正此其殷勤期待固發於胸中之誠與天下之公然其得不得之數行或使之止或尼之愛者忘者舉無能用其力且得與不得與左右之存而不亡者亦無所增損故區區之愚唯願左右於天之所加順而安之養其神明之和以豐其本雖曰來日無多而老氏所稱死而不亡曰壽吾輩當不諱其死而自致其不亡左右以爲然否比在齊河振廩災民至九月初可以

蒇事冬間當一謁吏部入事粗畢與左右罄五年之所積連日夜而語之手復敬候興居

復陳畫卿書

昨論防河眷惠還答設施各事意見差同至議上游李家岸鑿一横河分清河之水以入徒河下游南北王莊鑿一横河導徒河之水仍入清河合流自利津出海而塞徒河之下流以謂下游地勢南高北下河水不能仰行並疑壘石塞河上易漫而下易陷欲自李家岸以下徑用徒河由陳家廟出海弟於丙戌二月自清河北岸南北王莊騎馬抵徒駭南岸兩河相

間不過三里地勢平衍無所謂南高北下或曰濟陽臨邑之交地勢實如執事所云則水自李家岸而下不百里而已仰行卽如執事之議下游徑用徒河導之入海亦恐折而旁趨挽之不還而闞之不及鄙議更何論乎且執事議下游徑用徒河亦非至計按清河九百里間大抵寬踰二里狹過半里徒河自流鍾口至海亦寬踰二里其自禹城至惠民寬至四五十丈狹或一二十丈然則挈汴河之水悉注清河清河實不能容挈清河上游之水悉注徒河徒河反能容乎卽堅築北隄以障之怒而決者或可障滿而溢者

不可障也況中間地勢南高北下隱若建瓴乎徒河不能容必入於馬頰馬頰不能容必趨益山慶雲以注天津安得爲京畿之南蔽乎故徒河可爲上游之分河不可爲下游之正河也分則受水少掣全河之溜止十三四又於濟陽臨邑之交徙其民空其地水消則行於河中水長則行於地上得所游衍以紓其力且消則下受之長則高受之以水勢就地勢易仰行爲平行有三四分之溜足以行游北隄復有以障之既不虞其怒決亦不至於滿溢大溜之六七仍在清河清河亦足行淤此分河之利多而害少也若出

海之路以弟議爲難行則用執事之議仍於南北王莊鑿一橫河導清河以入徒河自陳家廟出海而塞清河之下流由南而北由高而下地勢至順河必暢行且與弟前議所謂分以殺其勢合以厚其力者又相符也至疑壘石塞河上易漫而下易陷此就迎溜者言之耳若鑿橫河引溜趨之復於河之對岸增設挑溜之法則自橫河以下皆漫水耳又展數里至漫水之尾相地壘石以塞之無溜刷其根有淤以護其體何憂以陷其上隆起如橋梁然何憂於漫鄙意李家岸以下以清河爲幹徒河爲支南北王莊以下以

清河爲沼徒河爲川陳家廟以下則爲兩河之壑執
事以謂何如敬候輿居

澤雅堂文集卷三

烏程施補華均甫著

## 俞俞齋詩集序

能詩猶能兵也天下一切之事可以人力致之至於用兵必其天之所自有可學而不可學詩之爲道亦然有詩之天而人繼焉卓然爲一家之言有詩之天而人或繼焉或否焉則詩純襍相半無詩之天强以人力求之極其學問才氣有韻之文而已於詩之妙無當也且夫奇才猛將提挈三軍之衆出入兩陣之間攻瑕蹈隙疾若風雨機動而心應莫能言其故儒

者誦孫吳韜略之說眞若可信臨陣顚倒眩惑無所措其頭足何則苟其天之所有出於心而合於古苟非天之所有孫吳韜略之精無從而襲之也夫詩亦若是而已矣雖然步伐進退詩之律也刀矛劍槊詩之材也金鼓鐃鐲詩之聲也羽毛旂旄詩之采也一不備不可以行兵不可以爲詩越女之論劍術曰妾非授於人也而忽自有之天也記曰蛾子時術之人也使奇才猛將能讀孫吳韜略之書講求而變通之豈不出於儒生萬萬哉夫詩亦若是而已矣余讀繩之之詩揮霍縱橫神色飛舞可謂有詩之天求律以

定聲隨材而設采其於人力亦至漢魏以降作者代興凡其門庭堂奧繩之無不歷焉然天事有限者也人事無窮者也彼今日所謂已至庸非他日所謂未至耶且他日所謂已至不又有未至者在其後耶本天之所有以人事精之九天九地神化無方兵機也詩妙也烏乎測其所至也繩之深於兵事庶幾有契乎余言

一圜詩敘

觀游之勝徧天下其名有傳有不傳何也地不能自傳待乎其人一圜張掖觀遊之一耳張靖逆創之楊

果勇偸之而我渭帥之至復因其舊而新之先後二百年間得三鉅人經營布置宴息歌詠於其中木若爲之森蔚草若爲之葱蒨泉若爲之清泠石若爲之怪特非草木泉石之有異人之心因三鉅人而異也而渭帥亦自侈觀遊之勝繪圖賦詩貽余喀什噶爾使爲之序噫凡人之寓於物與物之待乎人相與以成名者其爲類也多矣豈獨觀遊之勝哉余序一園之詩知天下有待於渭帥也光緒癸未八月

## 廖鹿儕先生詩集序

余在錢唐公幕府於今凡九年幕府之人才參差如

十指錢唐公隨其短長而用之其間與余深者多文
學志節之士晚乃得南海廖君椿齡年少耳觀其所
爲詩有老成之語以爲難得問之曰此吾祖中議公
所敎也中議公以名進士迴翔郎署二十年出守夔
州以憂去官服闋守汝甯夔與汝甯之民咸曰於我
有德其守汝甯羣盜如毛內訌外逼公設方略所治
以安分巡南汝光道值捻渠王黨破光息二縣聲勢
甚張公以半月復之擒王黨置之法內行純懿屢傾
所有以赴友朋之急生平以詩爲餘事雖爲之特工
而未嘗留稾及歸老於家間敎諸孫椿齡乃得所指

授並記公先後所作都爲一集明日出視之則清深婉正君子之言詩人之巧者無以易之也夫以詩爲餘事而爲之特工此士大夫之所貴也世之詩人殫其心思日力以求勝於一字一句之間若詩外無餘事焉此在山林枯槁無與於世者則可耳其詞雖工亦如春鳥秋蟲鳴聲悅耳而已自一命以上我所以自立與世所以相求各有其當盡者而唯詩之工焉此中議之所以不屑爲夫中議之詩固爲之特工者也然則椿齡追希祖德將不在此而在彼錢唐公昔與中議同官於豫知其所以用心而幕府又多詩人

因爲之敘使椿齡質之錢唐公光緒丁亥二月

王眉叔遺詩序

光緒癸未九月余從錢唐公於喀什噶爾會稽陶君心雲書來告眉叔之喪且謀刻其遺詩十卷詞一卷余爲請於錢唐公曰此盛德大惠也公其成之眉叔負其絶異之才出入舉場三十餘年卒無所遇家又窮空鬻文自活所作駢體八卷友人刻之書未成而君已歿遺詩及詞將就零落夫文士所不能與天爭者命耳富貴壽考安佚得與不得之數冥漠有主之者人無如天何也而其胸中隱然有恃則以用心與

力於文字之間苟有一日之傳猶可以此而易彼也故夫饑寒勞困憂愁讒謗俛仰身世不可一朝而舉區區者以自慰則如日之融冰俄頃而無有至於身之既歿此區區者又將就零落焉既靳於彼復失之此其抱痛於九原爲何極耶然則取其將就零落者而傳布之使久屈於人間猶獲伸於地下其德之所加豈不過於埋胔掩骼耶公曰敬諾事誠在我眉叔姓王氏名貽壽浙之山陰縣人候補訓導同治丁巳以後與余同校書於會城之戴園園有花竹水石之勝而與斯役者皆四方知名之士坐一室中上下議

論人人有勝心焉至其議論相服則又彼此洽然獨眉叔闇默自守聞同輩議論悄然避去徘徊花竹水石間覩其顏色若悲若喜與之語或不應僕具羹飯邀之不食歸而據案疾書擲筆四視則一篇成矣余常常候得之亦以是重眉叔也其後數年諸名士皆散去余亦從軍萬里之外獨眉叔校書如初妄意他日事定還里重遊戴園與余敘出處離合之情者必眉叔在也孰謂萬里之外謀及眉叔身後哉噫嘻天之厄文士至眉叔極矣區區詩詞卽傳於世於眉叔何所增益耶況傳與不傳不係乎詩詞之工拙區區

者又未可恃耶余之請以錢唐公亦以其自慰者相慰耳嗚呼可勝道已

## 雙淸仙館詩鈔序

世謂井臼縫紉爲婦人之事不宜偏近文字又謂閨幃所作不宜傳述人口如學士然若是者皆非通論也夫論婦人者德容言工而已出於口書於簡皆謂之言言而恊乎音則謂之文文而合乎樂中乎律卽謂之詩推詩之餘又謂之詞文與詩與詞皆言也婦人不當有文遂不當有言乎詩三百篇自周南召南以至十五國風多婦人女子之作其間貞淫正變誠

視其國之政教與夫性之所近而事之所値然當時苟非傳述人口太史氏何由采之侯國而陳之王廷孔子又何由删而存之蓋井臼縫紉工之一也文與詩與詞言之一也且言必以德容爲本誠德之既脩而容之既飭則其發而爲言必有和平之聲安舒之度隱與之相肖反是而其言亦肖之此貞淫正變之異不可掩也是故觀其容與德之備不必求其言之文閨幃貞靜豈與學士矜詞藻哉若夫言之甚文而和平安舒稱心以出則四德而舉其一一德而兼夫三又太史之所必采而孔子之所必存也常熟周緑

君女士工爲詩詞有名道光咸豐間經亂燬其稿掇拾之餘存詩四卷詞及襍文一卷所謂和平之聲安舒之度肖其德容者也其孫之壻吳江沈君福之將刻而傳之余爲破世俗之論爲之序如此庚辰十月

## 霞蔭堂文鈔序

興縣康君少茗奉其高祖南浦先生之餘著曰霞蔭堂文鈔命余序之其言曰高祖由乾隆壬申進士知河南嵩縣者五年改分甘肅知鎮原皋蘭兩縣權知肅州直隸州擢知江西廣信府所著曰南浦文鈔曰家塾蒙求曰霞蔭堂時藝曰女學纂均刋行世是書

亦已付刊獨無序文無卷次殆居雜著外編之列書
中所載嵩縣之政爲多余乃卒業而歎曰嗟乎程正
叔有言一命之士存心利物必有所濟豈不然哉自
世衰道喪士溺於利志行卑下而後仕宦以肥身牧
人之牛羊而自盜之能者則賦斂征役傅簿書而應
期會無所失誤以及上考至古一切養民之政與夫
興學設教移風易俗自其從仕之初志未所及者也
今觀先生治嵩五年之中爲民辨土宜相水利脩小
大之渠十餘處分地遠近量戶多寡建小大社學三
十餘處視嵩之民如其家人子弟自視其身如嵩民

之家長心計目營口講手畫晝夜劬勤務使人人以田自食誘其蒙稺作其孝秀衣食足於貧禮義興於陋而後快心愉色若獲嗜欲之償又爲規社倉議鄉兵救災捍患以備不虞然則先生嵩邑之政雖設施所限偏而不咸固能於簿書期會之外委曲以行其志者也而發爲文章簡質純懿尤足紀其事而寫其誠夫文章者志行之所託而政事之所傳也因序其首屬重刊之爲天下作吏者告焉抑余猶有惜者甘肅江西之政略而不詳文章之事少也光緒丁亥七月

## 樹藝編序

歸安淩君嘉六從茅氏族譜中錄出言樹藝者若干條爲一編稱鹿門副使之子孟麟所著將付剞劂屬余爲序予考胡承謀湖州府志人物志副使長子名國縉字薦卿以進士任知縣官至工部郎中季子名維字孝若中順天乙榜而孟麟之名無聞惟著述志有茅艮農桑譜六卷艮字靜甫不字孟麟又係副使之弟非其子也自副使至今垂二百數十年族譜不應有誤此必胡志失之至其所言則於湖俗農桑之事至纖至悉也予嘗竊怪甯波紹興之民多以力田

致饒裕長子孫每田一畝值錢六七十緡問家之貧富必數田以對而湖農自供租賦以外所餘無幾其恃以生獨有蠶桑之利耳故貧人往往自棄其田爲人傭作富人每語買田搖手相戒豈甯紹之田獨肥沃湖獨瘠荒耶抑水旱偏至之災湖獨有之耶蓋蠶桑之利厚民勤於彼而惰於此一切治田之法不復講求至於收穫微薄不足以贍其身家則咎田不足治焉甯紹少蠶桑民得一意治田因致饒裕耳且自泰西諸部與中國通商歲購蠶絲數千萬斤舶載以去商賈居奇取息倍稱湖屬育蠶加多獲利尤大而

田則愈益荒焉比來泰西諸部與中國時有違言購
絲亦且日少所利不足終恃善治湖者必以田爲主
以蠶爲輔一如孟麟之法斯可耳湖地膏壤數百里
以湖州之田養湖州之民實有餘而非不足獨不得
如孟麟數十人散布田野朝考而夕究之使得與甯
紹等所幸是編猶存後有言農政者尚可取以爲法
抑予聞靜甫好稼穡尤精於治桑譜中所言必有與
此書相發明者嘉六能搜輯而並刻之否耶蠶桑非
逐末也而治田爲務本之大田不治則食不足食不
足而以絲易錢以錢易米升斗取之於市農焉而賈

其業此非致富之方取貧之術也況所利不足終恃乎然則孟麟是編可謂知本計矣

送淩嘉祿之富陽序

操數寸之管出入官府自督撫以下至於州縣皆引以治獄自斬絞軍流徒五等之罪皆由以決上可以重輕其主不可以生死枉直其民治刑名以爲人佐者其權亦重矣而人之爲此不惜民命務爲主人地者則足固一人之交而數世受其禍用法平恕在多活人則報亦如之而亦爲賢主人之所重嗚呼是當何擇也淩子嘉祿學爲刑名隨其師之富陽是將參

生死枉直之權以雜治斯民者也夫人卽不能樹福於子孫何爲舉所禍而畀之嘉祿他日毋汲汲爲土人地也於其行也託之贈人以言之義

送李子長之廣西序

聚羣士於一室而謀作吏必曰某地遠某地近也某邑瘠某邑肥也哀其遠而樂其近苦其瘠而甘其肥百口一聲固然勿怪至舉錢穀獄訟水旱盜賊問所以治之必曰隨其時發其慮何豫也因其俗出其治何執也其言則辯也其志則誣也錢穀獄訟水旱盜賊誠隨時而發慮因俗而出治然慮之所發或當與

否治之所出或効與否有其本焉不可以襲取也士於作吏之始竊竊計較於心又無持挾之具以應一切之事則其他日之所至吾可坐而得矣嗟乎古之循良宜其不可及已嘉興李君子長由優貢生授知縣籖廣西自浙江至廣西計程七千餘里地至遠也獠猺雜處荒衍彌望所在郡縣半更寇亂邑至瘠也子長部署家事浩然首途已加羣士一等矣且子長自爲秀才已佐郡縣治文書留意民事至纖至悉學於平時施之臨事循良之本子長有焉其他日之所至吾烏乎坐而得之子長聞之再拜曰敢不勉遂以

爲別是日送子長者亦知子長他日必異於羣士也

## 送鄧子柔序

教官之職甚輕而甚重教官之稱職甚易而甚難今之爲教官無所謂教也春秋展祀則潔俎豆省牲牢若廟祝然學使者至則籍其學之與試者上之大比亦如之諸生於教官曰師曰弟子有終歲未嘗一見者苟一切不事事閉門誦書坐守窮約即爲稱職其輕且易如此噫嘻教官之設豈端使然哉民有四而士居一若綱有綱若裘有領王者治天下端士之趨向而民從之彼教官者自以爲官輕斯官輕矣自以

爲職易斯職易矣苟求其重且難者責於已必有始疑而終信之者始畔而終服之者疑者信而畔者服鄉里不善之行有以默化之矣天下者鄉里之積也鄉里不善之行其端甚微而習之所開風之所化久之足以憂及天下因教官而鄉里有善士因善士而鄉里有良民善士登於朝良民安於野天下甯有變亂乎且教之旣成流風遺思猶可以數十年是故教官得其人治與令長相輔而入於人者加永焉然則

朝廷所以待教官與教官所以自待宜按職之所係以奏其效不宜如今所云也夫使天下之官各

按職之所係以奏其效雖返治於三代可也教官又士之綱領耳新化鄧君子柔讀書敦行君子也今年西遊蘭州謁相國與余同居幕府昕夕過從甚樂至冬得一教官以去先爲詩別余余喜鄧君之能於其官也因以重且難者爲鄧君期之鄧君行矣十年以後楚南大吏有以教官治行聞於　朝廷　朝廷官之太學下其法於諸行省以風天下爲教官者其卽吾鄧君也歟

贈王都司序

乾隆中林爽文反臺灣武進湯貞愍公之祖知鳳山

縣事城破與其子抗賊同死　高宗憫焉予以騎都尉世職故貞愍以諸生入行伍由都司遊擊升至副將署理總兵官於江浙二省者三十餘年當時詞人墨客詩文所稱雨生都督是也貞愍精於琴理能畫工詩每一詩成自寫數通分貽朋好故至今江浙間貞愍遺墨猶多晚歲罷官寓居江甯獅子窟咸豐三年粵賊破江甯貞愍賦五言詩投水以死貞愍死而其詩益可貴重天下論武臣詩必推貞愍光緒十一年余隨錢唐張公自喀什噶爾朝　京師甯河王剛節公之曾孫夔字湘岑以詩投謁王剛節者天

下所謂三總兵道光中與英夷戰歿定海者也湘岑以忠臣之後由諸生襲都司接之溫溫誦其詩而詞意超雋湘岑殆貞愍之流亞歟余嘗思之天下有相反而相慕者文士喜談兵而武臣流連賦詩自託於風雅自粵賊擾東南湘淮諸帥皆以書生任軍事功名震赫大難以夷文士談兵亦效矣武臣能詩如貞愍方賊破武昌由九江連檣東下嘗以十策干總督所論防守之宜甚悉總督如用其言江甯猶可以固然則貞愍亦不幸以詩名天下耳觀貞愍之才與識甯不足爲湘淮諸帥哉今天下稍稍治平矣湘岑從

仕略似貞愍使其循資平進以詩人而榮武職也時之所值不同士之自立亦異貞愍之不幸豈非湘岑之至幸歟

## 贈田子駿序

頌與規也孰善莫如規矣聞頌與規也孰喜莫如頌矣聞者以頌爲喜而吾從而規之是投人所不好以取其憎也吾易吾規而亦從而頌之是喪我所不爲以滋其媿也雖然彼有可規者獨無可頌乎頌其頌而規其規因頌之喜而納吾規焉是頌亦規也投於人何喪於我乎吾用斯術以待朋友之深者田子忍

嗜欲習勤苦惡衣菲食罷骨勞神年踰六十而不以老自佚此進道之資也可頌者也藏於同而混於濁高下無所分善惡無所擇俯仰一世以求苟容得莊周列禦寇之粗未能游心於方外於儒者廉隅之說抑又遠矣此牽俗之累也當規者也頌焉者田子之得於天也規焉者田子之失於人也損人之失而益天之得田子亦老矣其終叶吾頌猶未可知也是規亦頌也歲之某月田子將之官廣西因錄其言以贈嗟乎自非朋友之深者求吾頌焉不可矣

贈洪叔雨序

士操數寸之管出而求食於天下雖遇賢主人隱微之間必有俯仰不自得者嗟乎古人所以重力耕也雖然一龍一蛇亦在善於自處耳魏武有言爲將當有怯時士亦猶是矣烏知屈於今者不伸於後也物之成熟各有其時焉彼力耕者爲不可及矣洪子以爲何如

## 送李儁臣還京師序

任事之公私與謀身之巧拙何其相反之甚耶於事則私矣以私諧私利於人而便於己豈非謀身之巧乎於事則公矣以公形私違於人而戾於己豈非謀

身之拙乎然而君子有辨焉不任事則已任事矣苟於事有濟則任事爲先而謀身爲後也苟於事無濟則非任事之公而直謀身之拙也苟於事若有濟若無濟則拙者之公與巧者之私相爲勝負焉宜留其身以有待也非我於上不終也非上於我不信也事勢之所積權位之所限上於我苟欲盡濟非有待焉不能也若西安李君之去其有辨於此乎李君以内閣中書隨錢唐公至山東從事河壖三年於茲其任事之公錢唐公獨心異之日者上書錢唐公還京供職公曰顧有濟也請桉其行君曰顧有待也已夬其

行烏程施補華拙者之徒知君之去事與身之輕重有辨也爲文以送且請君藏其言及待者既至而後出之

送王金堂總戎還湘鄉序

自咸豐之初盜起粵西蔽衡湘而東下蟻附蜂屯衆號百萬七八年中糜爛天下之半皖豫齊魯所在揭竿分立名字聲勢連屬苗民回民同時並反滇黔秦隴亂者如雲南踰乎騰越西及乎新疆英吉利法蘭西又覬釁而動覆我京師當是時天下之勢若決江河不可收拾蓋禍亂之故亟矣然而一盜起一將生

智謀之士莊勇之材霧合景從集於戲天下若於未亂之始豫儲其人持其趨運之盛徐俟其衰以救正之也故方其盛也羣天下之力僅以遏之及其既衰則拉朽摧枯忽然已盡豈非亂之所極固有定數歟亦將帥之臣實賴焉蓋至光緒十一年法夷行成天下幾於無事矣而用兵終始垂三十年將帥老者已歿壯者已衰計今天下十九行省督撫提鎮久於軍事者與夫久於軍事退處於家者年齒未高精力猶勝數之若晨星在天而已天下之患方如積薪厝火奸民[illegible]於內狡夷伺於外水旱洊至百姓流離其得

數年無事天之亂機倦而求息謂太平之運固非也然則今日天下久於軍事之數十人雖或出或處暫有不同固天預儲焉以待他日者也天道治亂之相循人才新故之相續豈偶然哉豈偶然哉湘鄉王君金堂天下數十人之一也咸豐中以布衣從軍隸今太子少保鎮筸楊公部下每戰先登號曰王虎同治初年隨楊公度隴駐師甘涼二郡之間回亂方急河州肅州以次淪陷賊之前鋒一日數至君提孤軍跨健馬來往奔命糧盡援絕寇來益多分守合戰勇氣不衰數年亂定二郡卒完積功至記名提督任岷州

協副將擢肅州鎮總兵同官爲讒被劾以去今年正月謁錢唐公於山東年五十餘雄勇之材一如曩昔錢唐公固久於軍事者重其功惜其遇而無事以處之及秋告歸其鄉余習於王君因爲文送之王君雖無事歸乎幸厚自愛以俟方來勿使天所預儲者人自敗之也

## 贈吳恩棨序

吾行天下見仕宦不得志者日日向人曰老矣歸矣既而復留不去或至於客死蓋其心固以得仕宦爲樂而失仕宦爲悲雖不得志不能無冀幸於他日也

若泉唐吳君者其君子之易退者乎吳君從軍甘肅積功至知縣攝高臺者二年能勤其職旋補古浪既受事矣一日如有所不樂乞假以去居家七年有勸之出掉頭不顧吳君有才藝上官甚倚之非不得志也年又方壯顧能易退如此此吾願爲天下溺於仕宦者告也古人於仕宦唯其無所溺是以有所立嗟乎吳君可謂無所溺矣亦賢於今之人哉

## 別弟文

光緒八年十月施子之弟自喀什噶爾還湖州施子飲之以酒告之曰吾家故寒儆也今日之所有已爲

異數矣夫巨富中落而餘千金之產愀然不可爲生貧人得十金以爲資本則左宜右有所處之勢異所操之術殊也此行歸資之外贏數百金豈非貧人之雄乎以此坐市上權量百貨賤入貴出逐什一之利終歲之所獲足以贍妻子營心與力非所恥也賢於爲官者奪民以肥己吾憶道光二十又九年吾父棄養吾年十五歲爾年九歲家無一笥衣一貫錢租屋而居月償其値歲又大凶米價十倍吾母晨起坐絡絲至夜半得錢一百糴米作粥雜以菜根豆屑母子乃得半飽一日不絡絲即忍饑淸坐人有問之則

曰已食畢矣吾痛母氏之勤涕泣自奮讀書不熟至嚙其指血斑斑灑書本爾亦拾薪擔水任炊爨暇坐母側亦學絡絲姻連族黨恐其開口假貸不敢至吾門母氏亦戒勿往來慮爲所厭甚者譏先大夫好施與勿爲子孫計至有今日尤笑吾讀書謂渠謀食不暇尙想作秀才取餓之道也當是時視鄰里之有父而溫飽者如天上人爾年雖小不應忘之其後門戶稍立咸豐十年寇亂又作吾隨趙忠節公守城至同治元年城中糧盡全家啖馬肉幷煑牛羊之革佐之五月城破吾負母而逃掘野蔬充饑母子十月身無

寸祿爾爲賊掠幾死脱走至家形色非人疾病瘡痏疴背而作其饑寒視道光之末而顛危憂恐過之管仲告齊桓曰願君勿忘在莒臣亦念堂阜之囚故爾與他人較則誠不足以一身先後自較爾亦苦盡之甘否極之泰矣老氏有言知足不辱以今日爲過望則樂猶有奢望則辱在其後吾在軍中不無多費然每對盛饌念先人未及食也每御華服念先人未及衣也甘在口適在體而痛在心祿養既不逮得立功名天壤間使姓字不朽先人而有知含笑地下矣蹉跎中歲此志不衰至於富貴之樂不能享亦不忍享

也人須自量其力吾才識學問實過於爾故欲有所成就爲先人光爾則自安愚分積錙累寸以足以食持門戶保子孫抑其次也彥詒長矣持此篇歸使讀其詞而識其意莒與堂阜居之終身可也告之後嗣可也

# 澤雅堂文集卷四

烏程施補華均甫著

## 竹屋圖記

竹屋先子賃居之屋也在郡城西南隅先子故有屋讓於吾叔而自居於此屋皆南嚮凡八九間旁穿上漏與朱氏分居之朱氏卽有此屋者也先子住東頭屋補華幼卧屋中每天明日出光從空隙入照暎枕席卽驚起披衣誦書夜分火滅又從枕席看月至秋冬之夕風瀏瀏出四壁卽不能然鐙誦書炎夏甚雨枕席霑濡仰瞻墻壁閒漏痕如龍蛇也空庭積水甚

則倒灌入屋蜒蚓游於房顧視無置椸處亦往往輟誦然先子貧甚利其直賤歲歲賃之不能他徙也屋雖敗陋中庭甚寬庭之東南隅方竹百竿蒼碧可愛枇杷樹生其間高出屋上歲結實纍纍先子須其熟摘賜補華兄弟曰爲學亦如此必熟而後甘也旁蒔襍花紅紫暎綴補華雖幼小亦頗省閒適之趣旦晚步庭中聽蟲鳥之鳴爲樂先子履聲至卽伏椸誦書道光戊申冬方竹抽穗垂實如穀根節黃萎枇杷始華蟲食之且盡家人以爲不祥明年四月先子疾卒時補華十五歲弟九歲先孺人提其二孤號於舅氏

乃得棺衾以殮自是饘粥不給戚族至者皆勸學賈養母補華以誦書久冀有成就不忍棄置也聞所言日夜哭朱氏之老憐之讓其屋直之半令仍居誦書湖屬蠶織利盡東南女工最重絡絲孺人辨色起即坐絡絲至夜半率得百錢補華坐其旁誦書每月出入靜風竹交鳴見孺人淒然淚下則掩書嗚咽不能成誦也歲値大饑斗米千錢孺人日糴米一升作糜以哺二子餘於釜者菜根糠覈䅶糅自啖二子泣請均之孺人亦不許也是冬病竹生筍枇杷亦實又數年補華益長大爲諸生矣授徒所入以養母而朱氏

之老死有子不肖以屋償博進乃奉孺人徙去噫自先子始賃此屋至於徙去前後三十二年補華兄弟皆長於此門戶堂室一草一木依依可思念也又數年而寇亂作亂定還郡荆棘中見此屋猶在旁皇門外不知主人誰某問之其隣則堂室已傾圮樹已伐竹已斬矣問朱氏之家屬盡死於寇亂矣爲太息悲痛久之又二年七月孺人以病卒蓋同治丙寅也卒後四年補華舉於鄉又三年依大學士恪靖伯左公於隴西念吾父母勤苦以教不及見其成就也作竹屋讀書圖流涕而記之光緒元年二月

重建滕縣學尊經閣記

有其事而後有其官官所以治事也然今天下任牧令者能勤心於地方之事或十百無一二焉大抵視官如傳舍而視身如賈人齗齗焉較所入之多寡以厚其私而倖無事而受代無論政教之大所以興利除害便益吾民者無所設施也小小橋梁道路通民往來賢聖之祠示民觀仰者苟議脩舉亦曰待諸後來而後來者又有待焉吏得偷而事日廢牧令已然至於學校之官春秋展祀則省牲庀器學使者至則籍其與試者上之大此亦如之他無問焉嗟乎國家

設官之意豈徒使尊居士民之上享其利祿已哉苟賈其官雖以牧令之繁劇可以偷焉苟官其官雖以教職之閒散亦當得爲之事視乎當官之心公與私勤與怠而已滕縣學有尊經閣建自前明知縣荆爾植光緒壬午之亂燬焉教諭鄭淑詹咨於署縣事沈葆琛勸捐脩之經始於今年三月至某月而落成用工之數若干用材之數若干用錢之數若干余嘉鄭君能知官之有事不以閒散自諉特爲之記雖然學校之造士與牧令之養民各有其大者以俟設施願鄭君益勉焉使天下知教職之閒散尙有能官其官

者也

## 歸儒書院記

人所以別禽獸者何也曰性善也孩提之童子孝弟發於性雖戎狄無異也則就所發者推之君臣之義從孝出也夫婦朋友從弟出也同本而異枝滋乎此必長乎彼也故曰堯舜之道孝弟而已矣雖然性之善戎狄無異也而犯上作亂無所顧忌中國亦有之戎狄爲尤甚何也曰此非性之異教之異也人所別於禽獸者性之善也中國所異於戎狄者教之善也然則戎狄有教乎曰其精者爲佛氏繕性而錮其情

究於人倫未之盡也天主則攻擊佛氏者也天方則因緣佛氏者也其說皆本於事天若生人一切之事莫非上帝司之者夫上帝之號儒者稱之曰上帝臨汝無二爾心曰昭事上帝聿懷多福所以敬人事而求合於天也上帝能日籍圓頂方趾之民稽其善惡而賞罰之乎君公百執事奉天以臨民亦以人治人也人有人之道父子昆弟君臣夫婦朋友其概也苟率性以用情自盡人而合天彼一切聽之上帝則夫犯上作亂無所顧忌亦可曰上帝命之矣此教之失變亂無已時也然則戎狄可教乎曰天方之徒容貌

知識非與中國異也又襍處乎中國卒其所以異者
拘於彼教而未能出也然而叛父母賊兄弟彼教亦
惡之則所性自善也若以儒者之說進之因其性而
達其情又推其情致之君臣夫婦朋友之間固天方
之徒之性所有也庶幾循途而返適得其所而休焉
倫誼明而習俗化矣甘肅新設化平廳以處回民提
督喻君分防其地多善政又出私錢若干設書院以
教之余名之曰歸儒並發其義以書之碑
泉亭記
阿克蘇城所屬兼漢書姑墨温宿兩國之地數百里

間有大郭勒四分流合注支條繁多春夏之時諸山之雪水又入焉溝渠交通引以灌溉上腴之田數十萬頃宜稻宜麥宜粱宜菽木宜桑柳器宜碾磑蓋水利溥矣而平地出泉淸瑩渟滀可漱可濯可汲以飲者亦隨處而有回語謂白曰阿克水曰蘇河曰郭勒曰阿克蘇城者舉地之水以名也漢回兩城樓堞相倚回城西北隅有泉地中出味尤芳洌光緒戊寅黔陽易君孔昭從事其地飲而甘之刻石以紀泉之上地勢高下相錯民屋而居望若層樓越歲己卯節帥張公命部將提督銜總兵官劉君世俊償其民屋之

直斥而新之購材於民資工於軍爲上下二亭俛臨
於泉窗牖洞達闌楯廻互雕鏤而樸在丹漆而素存
亭成之日宴賓以落而縱漢回之民登覽焉今年又
闢其旁爲養正書院益陽潘君時策經營其事延漢
人爲之師選回之髦誦讀其中客私於施氏曰孔子
曰知者樂水茲泉之芳洌易君表以石張公蔭以亭
其意有同歟曰客烏知張公之意哉夫形煩則神亂
境靜則慮舒觀彼泉流湛然無滓非清心之資耶易
曰山下有澤損君子以懲忿窒欲公之意也心清然
後事理由是歷階而升憑高望遠郡墟布列田塍縱

橫四郭勒之水左縈右繞所以養吾民在於不擾矣詩曰民亦勞止汔可小康民亦勞止汔可小休公之意也近接書院誦讀洋洋養吾民者繼之以教殊俗之先務良吏之盛治也孔子曰道之以德齊之以禮有耻且格游觀之樂政事寓焉登斯亭者庶幾慨然有志乎若夫娛意淪漣寄情觴詠達人逸士之事何足以擬我公哉公名曜浙之錢唐人庚辰十一月甲戌並書

烏什二泉記

經烏什南門西行三四里折而南入山出其背廢田

縱橫渠水淙淙然路或在田中或在樹下左右數轉
十餘里至泉上老柳數十株其高映天偃幹如龍卧
地復起盤拏崛强疑張牙爪蓋柳之别種也所見唯
哈密回王墓及此此爲回人葬其先師處回人呼師
曰阿渾墓曰公碑言此阿渾生有功德故公碑之樹
與回王同云泉在衆柳間其色幽碧近泉地沮洳卧
柳爲梁行其上得至水次人影倒入鬚眉宛然以漱
齒滌目寒過他水於是汲泉烹茗倚樹而飲飲畢東
行又三四里有泉出路側其廣逾畝夕景在水微風
吹之金碧摇漾蝦蟇如錢數百頭憑依水草或躍或

伏清類西泉而不至寒凛徘徊久之再東十餘里出山與入山之路東西遥對昔柳子厚貶永州記石渠石澗袁家渴諸遊遂爲南荒名勝今兹二泉出於西南萬里以外視永州爲尤僻而余又無子厚之文雖懷澄澈渟滀之趣不足以表章之則夫一物之顯晦固有待乎其人耶姑記之以啟後之好游者庚辰八月壬戌記

損齋記

朗齋節帥爲予搆屋阿城之南有堂有室軒楹翼然高明爽塏稱絶域之華居焉其外賓客之館僕隸之

舍庵湢槽櫪莫不備具中庭可以蒔花旁圃可以種菜予於閏月入居之顔其居曰損齋易損卦象曰山下有澤損君子以懲忿窒慾蓋人之生性善而情惡性之所發必順導之而後極乎至善孝弟仁義之類是也情之所發必逆制之而後不爲所累忿與慾之類是也忿至於外而應於內慾伏於內而感於外懲之無應窒之無感則氣得其平心得其養而與道日近所損在此所益在彼矣故曰損者德之脩也懲與窒之功必始勉强而終自然故曰損先難而後易也老氏亦曰爲學日益爲道日損予性褊急少喜而多愠

年四十五猶未變也嗜好所偏復不知節於損之義鈌然故以是名之抑又聞之諸葛君曰淡泊以明志甯靜以致遠窒慾之至可以淡泊懲忿之至可以甯靜推損之義以至於極體立而用行國家天下所由治也一身云乎哉老將至矣庶幾聞道而有進乎惜乎高明爽塏之居以予之故不獲被以美名也已卯五月

## 重脩大佛寺記

大佛寺在京師安定門內道光中燬於火同治十年僧通悟者思興復之用佛氏之說閉關誦經一千一

百八十晝夜且然一指京師人衆感其精勤出資以助爲大殿爲別殿供奉佛像爲經之室爲賓之居爲僧之寮以及前後之簃左右之个門戶廊廡庖湢圊庤用人之數以工計之若干用材之數以枚計之若干用錢之數以緡計之若干經始於某年某月某日落成於某年某月某日通悟精勤之所致如此京師善士宋坤紀昌悅李昌溫王士泰又因寺之閒敞爲粥以食貧民立學以教貧民之子弟名其處曰集善之堂王公以下歲有輸助以爲經費宋紀諸君亦歲校出入之數刊布而徵信焉今年某月來謁曰願記

修寺之略及今所爲余曰佛之異於儒者教也其同於儒者性也性之同者善也由信之善發而爲仁自身而家而國至於天下外及夷狄下逮禽獸昆蟲草木含生負氣皆吾性之所涵而仁之所被而施之於事鉅細遠近則視所居之勢以爲程凡今所爲具於佛性决矣佛氏全性之體而儒者大性之用等差明而設施盡性之推無隘仁之及無小也雖然爲一善而受者感焉聞者應焉非精勤無以致之周於一事與充於萬事儒與佛各因所居之勢以行其善而盡其性胥是物也彼通悟者豈非前事之效歟光緒十

一年某月記

## 肅州昭忠祠碑記 代左侯

同治四年二月西甯回馬文祿據肅州以叛十二年九月余督諸軍平肅州誅文祿並悍黨千五百人自餘老弱悉釋之光緒四年立祠肅州以祀文武將弁及義民之死於賊者凡二千五百餘人六月祠成乃記其事於碑文祿之據肅州也兵備道恒春公闔門縱火無少長燔焉死最慘烈而提督楊君世俊游擊張君林則倉卒乘城先登而殞署肅州鎮總兵黃君子龍追擊援賊死於塔兒灣之戰又忠義尤著者也

余自八月至軍登高以望每見陰雲掩覆城上不辨樓堞城以外天高而日晶也迨誅文祿前夕萬鬼暗嗚如泣如語繞余帳不散悲風刁刁若相和荅余爲怛然久之而土人亦言自肅州淪陷八九年天無雷雞不伏卵羊歲一生子而不育嗚呼噫嘻是固忠臣義士與夫無辜被戮之民憤厲愁慘之氣凝結不解迴薄陰陽感動物類以致此變異也肅州平文祿誅憤厲愁慘之氣洩矣今歲祠成雷雨以時百昌蕃蔚蓋旣伸其鬱又表其忠則夫忠臣義士神靈歆茲享祀降福一方亦其理也祠凡若干楹用材若干計工

若干其資則諸軍將領捐之經營以成之者前署肅州直隸州知州張君大鏞今署肅州直隸州知州楊君大年也

會甯縣新建楚軍中營昭忠祠記 代左侯

代統楚軍中營記名提督西林巴圖魯李君艮穆買屋會甯城中改建昭忠之祠凡中營將弁士卒與斯祀者一千五百一十三人其間有慷慨赴陣而歿者有邂逅遇賊而亡者有創深痛鉅繼之疾病卒以不起者非一省之人非一時一地之事而其況瘁從軍殞身不顧一也稽之以死勤事之義不有合歟祠有

堂有室周以廊廡繚以垣牆凡一十二楹徵役於兵籍材於屋斥其朽折而更新之又於縣之北鄉買田三百畝爲歲祀之資以財計之用銀若干兩祀既成以書來請曰願有記嗚呼是皆背鄉井執干戈從余於患難者也余自咸豐庚申始任軍事以迄於今逐寇八九省暴師十餘年仰賴　國威將士用命禽獮草薙所向清平蓋余亦兵間老矣當時奇材猛將雄勇之士陷銳摧鋒頭如蓬葆其存於今者皆積功至一二品官或專節鉞亦可謂榮遇矣而奄忽不幸中道死亡乃亦不可勝數楚軍中營五旂耳死亡所積

至於千五百人之多將士之激於忠義誠可哀也方其絶脰捐軀萬世不覩家人骨肉望祭無所天下之至悲有逾於此乎而事定功成懷思忠義春秋祼薦俎豆莘莘司馬遷有言死有重於泰山有輕於鴻毛長逝者之魂魄亦可以無憾已而厮養走卒至微極賤亦與乎享祀之列忠義之足以感人與人之興起於忠義也斯祀所以建歟光緒元年某月

西甯小硤河新築南北兩關記代左侯

出西甯城東西望懸崖陡壁對立秋汛湟水中流霆驚箭激山徑峽隘車不得方輪馬不得並轡凡六十

里東曰小硤石西曰四望硤河西有事守者得其人兵以一當百踰此而入則西甯不可復守兵法所謂穴中之鬥也同治某年回酋馬桂源等據城反十一年冬余命今西甯道劉君錦棠討之賊守硤口苦戰累月道官軍破硤口桂源棄西甯而後禽而誅之又五年爲光緒三年靑海辦事大臣豫師公於硤河南北築兩關扼之屹然相向形勢險固既成權西甯道張君宗翰以書來乞名余名南關曰武定之關誌兵威也北關曰德安之關飭吏治也並記其事而係以銘銘曰

青海西抱黃河東來壯哉邊郡崇墉崔巍惟天設險衛此邊郡巖壁對開巉巉雄峻下有湟水其流湯湯入窪而洑出隘而瀧鑿山取道蜿蜒偪仄孱守可憑猛攻難得嚴關雙峙萬夫仰觀畔以武定伏以德安誰此興築曰青海公繼宋綏遠萬指之功險要之區不資凶桀馬氏滅亡吁嗟覆轍告我邦吏戎羌是甯闢門夜啟蕩蕩太平

## 興福廟碑記

宋紹興十一年十月秦檜矯詔下岳飛於獄歲暮殺之二十年正月殿司軍士施全挾刃衆安橋下刺秦

檜不中捕送大理獄檜親鞫之對曰舉天下皆欲殺虜汝獨不肯故我殺汝也詔磔於市檜死杭人廟而祀全者七十二處所謂興福廟神也蓋宋自南渡以後百姓怨金人至矣怨金人則怨和金人之秦檜而德攻金人之岳飛檜既矯詔殺飛是奪百姓之所德而盜其所怨裂眦相向咸思剚刃於其腹而神特先焉不幸而不中至於磔死此百姓之所爲愈益痛恨也一日檜死遂創七十二祠報之杭城四條巷興福廟七十二祠之一也經亂傾圮補用知縣溧陽程君某謀更新之里人陳君某朱君某實司其事經始於

同治十一年九月四十日而工竣有仍有改翼翼如也落成之日神人致喜其出貲爲助者知杭州府事陳君某署仁和縣事姚君某知錢唐縣事李君某於是書於碑曰嗚呼觀於神之事凡挾外夷爲重者可以戒矣當是時檜之黨徧朝廷卽高宗亦一檜也就令檜死豈能變檜之和爲飛之戰哉事敗身戮爲快於奸亦可謂不量時勢而爲之而廟祀至今人人意中有一檜之可恨而神之可惜事雖效而無濟猶以不效爲惜則人心之愛中國忠義之氣勃然於外夷之橫也今古如一日矣其詞曰巍巍太師金人奸細

殺岳擯韓稱臣納幣玩構掌中何有二帝吳劉賢將老謀至計與甲晉陽投鼠忌器司軍觥觥天與忠義白日刺奸吁嗟勿濟聶媿荆慙豫子同志七十二祠牲牢載具宣化之橋流水溶濬築廟其旁旣壯且麗旣壯且麗爰脩祀事強魂毅魄千載靈異福我佑民以驅妖厲

隴西縣首陽山新建淸聖廟碑

天下四首陽皆以夷齊名以在今甘肅隴西縣者爲最確山在前明屬渭源鞏昌府志藝文類載明人楊恩首陽辨辨蒲坂渭源兩首陽是非甚悉而不辨遼

西偃師之栒會者又誤解莊子索隱謂岐山之西別有首陽今刪錄楊氏之辨參以已論書之廟碑蓋首陽之說明則二子之祀定矣楊氏之辨曰蒲坂之南山名雷首書曰壺口雷首至於太岳又名首山春秋傳曰趙簡子田於首山非二子餓死之首陽也唐風采苓采苓首陽之顚馬氏文獻通考謂秦風之首誤列唐風之末是首陽在秦不在晉書曰導渭自鳥鼠傳曰渭水出隴西首陽縣縣以山得名經傳可據如此又曰蒲坂去豐鎬不及四百里二子恥食周粟不當仍居周地隴西古西羌周孝王時始封非子於秦

開天水郡周初未入版籍故二子餓死於此又曰其詩曰登彼西山兮采其薇矣明言山爲西山蒲坂之山據堪輿大勢爲北山據周都爲東山據蒲坂爲南山惟隴西在中國之西渭源首陽又在隴西之西故顏師古云歌登西山當以隴西爲是數說最稱辨覈而世猶以遼西偃師斷斷爭之許氏說文嵎下曰嵎山在遼西一曰嵎夷後人遂指爲首陽按遼西嵎山在今直隸盧龍縣東南二十五里孤竹城亦在縣南後人所以坿會者然二子既交讓其國卽不如泰伯虞仲遠竄荆蠻亦當逃之境外以絕國人之望若徘

徊數十里之間國人求而得之矣中子何由得立乎又使首陽誠近孤竹昆季堅卧不起中子得國有聽其餓死之理乎許氏但云崵山不云首陽此坿會之宜辨者劉氏延之曰首陽在偃師按偃師縣在今河南去紂朝歌不遠孟子明曰伯夷避紂居北海之濱若舍孤竹之偃師是非避紂直就紂矣且其地瀕河非濱海也居中非迤北也此坿會之宜辨者夫蒲坂既無首陽遼西偃師又坿會不足據則首陽實在隴西縣二子之宜祀於此決矣蓋北海即渤海在今山東直隸界當陝西之東北二子自東而西以就文王

之養及武王伐紂正諫不從東旣不可歸周又不可留乃益西遁踰越周境至首陽之下餓死耳其詩曰吾安適歸矣正謂此也故曰以隴西首陽爲最確至楊氏引莊子北至岐山西至首陽索隱謂首陽在岐山之西遂疑寰中有五首陽則楊氏讀書鹵莽耳岐山縣屬今陝西鳳翔府隴西西適當其西故自岐山至首陽必云西此正隴西西首陽之證非又一首陽也山有兩賢墓後人祠其上歲久傾圮縣丞馮君森楷從軍其地捐資新之詩云高山仰止景行行止馮君有焉經始於同治十三年十月落成於光緒元年四月

軍主范君秉誠以書來請曰願有記余謂二子高節孔子賢之孟子聖之司馬遷作史記入之列傳固如日星在天江河行地婦人小子皆知有此兩人者惟其生而餓死荒裔死而天下爭其餓死之所亦百世而下聞者興起之徵也余是以辨之以定隴西之祀而表馮君之賢

## 贈內閣學士周公祠堂碑 代

同治十年五月十五日總統南路諸軍二品頂戴前福建延邵建兵備道周公卒於秦州余聞之 朝

天子軫悼贈公內閣學士蔭一子入監讀書又

二年關隴底定秦州人士追念公德請祠祀之余又以聞　詔旨報可於是卜地於州之天靖山庀材攷工因高而堂就夷而墀繚以周垣蔭以嘉木凡爲屋若干楹於今年某月落成奉公栗主居中妥靈揭虔神人悅喜而知州事黃君翥先復請余書其事勒之貞石惟公少從余游嶄然絕出及余膺　命視師公嘗在軍中罷精勞神開利塞弊諸不便已者飛誣巧謗以相竦動公一切不顧專一乃心治軍與民故當其任事羣小洶洶及歷歲踰時功效大著毀去而譽獨存公道之不泯實政之不可以久淹也如此

按公諱開錫字受三湖南益陽縣人廣西盜起從曾
文正公征討有功以直隸州知州用署湖北沔陽州
知州隨余之浙以功再遷署温處兵備道之閩補延
建邵兵備道署布政使護理巡撫稍稍逼顯矣而爲
忌者所扼不竟其用及余西征之三年秦事粗定移
節度隴當是時余議駐軍平凉趣攻北路而南路諸
軍挫於狄道還走鞏秦渙散動搖不可朝夕將吏無
足專任者會公餽閩餉至遂奏公總統南路諸軍於
是公復從余經營隴事首罷捐糧之令定釐課裁陋
規汰冗兵墾荒土踔厲奮發視在浙閩謗怨亦如之

然期月之間鞏秦大固隨復渭源狄道兩城進兵洮岷規取河州其冬黑頭勇亂禽其渠率且誅且撫反側以安而公之精力亦自此耗矣明年三月疾作支離寢枕籌兵籌餉籌糧籌運造車船購騾馬營度百務一如平昔將吏泣請少休不自顧也於時公在鞏昌五月十日輿疾赴秦州料理餉事行四十里氣垂絕復還鞏昌至十五日遂卒嗚呼公以閫吏任隴之艱拯亂捄危不自營脫殫智竭慮於　國於民況瘁殞身僅及中歲可不謂忠與而彌留賦詩猶爲君親兩負從余未終世乃汲汲而持其後豈非小人好

議論不樂成人之美耶然至今日謗議既息歌謳在民懷惠報功列於禋祀勞臣之所獲不在彼而在此也公復何憾余亦何憾公家世行誼沅陵吳大廷載之墓志茲掇其大者書於碑並爲歌詩系之以永秦人之思詩曰

生勞苦兮死可休虛飄飄兮靈之游隴西土兮聊淹留涉漢水兮臨漸江浩閩海兮波湯湯謗喙短兮謳思長秦之州兮公所止施號令兮民大喜饑者飽兮瘠者起風颯颯兮雲冥冥靈之來兮如平生呼侍從兮揚麾旌升几筵兮享牲醑鑒精誠兮靈福汝驅螟

蝗兮殪豺虎歸祠廟兮山之隅民報祀兮終如初祉耿耿兮安可誣

## 龍洞佛峪游記

丁亥九月六日庚申晨出歷山門騎而從者二人步而從者二人過市東南行輿中見千佛山如擁幢麾送於道左山下諸村秋稼畢穫民驅馬驢駕碌碡而碾麥苗蔬甲蔚然寒綠三十里至禹登山巖谷迴互霜樹初紺其下石硼跨之微泉中注涓涓欲絕緣石硼以西二里至龍洞寺寺僧煮茗供客導之游洞出寺左越石硼百步得微徑踐之崩沙欹石草樹鉤棘

仄處容足之半爲虵行爲蠏行僧掖以手半里至洞口北嚮籠火始入南行東折幽昏無覩僧以火上下見中寬數尺高者十餘丈其低半入首俛至厀手垂及足銜接傴行氣不得出入乍一伸體前進又然蝙蝠穴壁間見火驚飛掠人面而過以手捫壁跂跂而動燭之則蜥蜴也心若觸汗若沐一里逼天光則出前洞甚勞而鮮獲於意悵惘洞左有亭題曰三秀坐以少休亭外一徑石級參差而下直達寺中視前路夷而近寺後石潭俯之澂碧僧云歲旱有禱輒應出寺緣石磵而東山舒水緩未四里巖谷復合蒙茸幽

與衆樹排列由趾及顛丹黄交錯其七猶碧石磵淙淙鳴聲漸大又里許爲佛峪般若寺僧之居依山高下望若鳥巢余擇其高者止焉飯畢寺僧導余登東北石臺觀崖間瀑布歕薄入於石磵夕日在嶺對坐久之又下行石磵中出橋之西野菊叢發花如小錢嗅之甚香仰視正西一峯斗絶無路其上浮屠亭亭人立翠樹擁之以爲奇秀歸止所居山暝月出舉酒獨酌風自東北來動揺衆樹騷騷寥寥與石磵水聲互答氣愴神寒劃然長嘯巖谷四應棲禽翻飛從者驚起不省主人何作也明日辛酉巳午間記於壁而

去

記貓

貓白質黑章咸豐辛酉歲所蓄也善捕鼠初時甚勤其後貓之所處鼠自不至然饞於食家人念其有勞也常寬其過尋常盜竊一切不治同治壬戌五月寇陷郡城家人奔竄貓亦驚去甲子七月郡城復予自吳江歸埽除房室羣鼠跳躑千百不啻迴二貓捕之數日貓斃又數日有貓屋上鳴家人起視之白質黑章吾家故物也呼之下旁皇審顧久而相識是夕羣鼠他徙房屋寂然丙寅七月太孺人卒貓臥尸旁兩

晝夜不去亦不食己巳四月隨至杭州庚午十月復隨予還郡老矣不能捕鼠唯時時盜竊耳然鼠終畏之不敢至辛未六月貓死噫嘻是固以其能食者也而又有義吾是以書之貓所生子均善捕鼠盜竊如其母

# 澤雅堂文集卷五

烏程施補華均甫箸

## 定海黃先生別傳

仁和譚君廷獻爲定海黃先生家傳無與於學問之旨蓋詳矣至於敘述生平尚有缺者蓋 先生非今所謂學人也先生自赴省試母暴卒於家歸而號慟幾絕時父茂才君老矣先生依依侍寢服終不適私室茂才君卧病數年衣食澣洗一以身親比卒持喪以禮其後每值祭日溺泣不能自已行之終身常如一日至其彌留告別欲以定省疏缺補之泉壤間其言絕

痛先生蓋古之誠孝人也昆弟相見白首怡怡又以餘力脩輯黃氏家譜敬宗合族其推於誠孝有如此居閒處默反驗此心陰陽消長悚然危懼謂寂守於內非入學之道年六十二仿唐韓愈作五箴提呼惕息者而愈確而居心樂易不立崖岸凡親戚僚友之有問者子弟之請業請益者告之一出於誠故鄉人服其義而後生之造就光衆窮居無位表見者少而當世之務籌之甚審嘗曰士當思孔顏所樂又當思孔顏所憂爲兵制十策欲獻於海上之事凡所經畫燭照數計不啻也惜當時無用其言者先生旣歿十

二年其子以周之友烏程施補華讀其遺書與其生平行誼得之於以周者從而論之曰十略之作經術明人事備酙酌諸儒弁包六藝豈非乾嘉以來通才大雅之儔與若夫修於其身敎於其鄉而謀於軍國一以誠孝爲之本推之以應經法令所謂學人無能似之者作黃先生別傳以補譚氏之缺先生名式三字薇香定海歲貢生

## 裘府君家傳

君諱寶善字華南又字菊泉直隸河間縣人道光十二年舉人二十年春選授安徽貴池縣知縣抵任値

水患民宋學詩將因災爲亂有衆萬餘人聲言求免漕君聞單騎赴之或請以兵往君曰是尚無反名脅官耳不戕官也兵往則速之反矣衆擁君入民舍露刃相向讙曰免漕則已君諭之曰是謂偏災漕可緩不可免若欲反耶則先殺我官一命若萬命足以相抵若非反之謂聽吾言毋動衆目學詩學詩氣懾諾諾且目衆退君即索食飲臥民舍中明日周歷各村察所苦以錢五百緡分振之民相扶送曰好官好官歸算倉穀借爲民食諭民詣縣自領學詩至禽之縣以無事二十三年冬調署懷遠江淮之間風俗强悍

閭里賤人皆輕生負氣語小失意動相讐殺遇盜賊如平人視刼掠爲常事巨奸大猾蓄養無賴少年以爲牙爪冒禁犯法諸爲不道聲勢連州郡交通胥吏持官短長動息無事則民豪有事則盜魁環江以北四府八州二十有九縣民氣囂然吏治以武健勝懷遠其一也君以調任謁廵撫廵撫迎謂曰縣有大盜未獲君且往行告之遂微服至懷遠游其鄉市見羣少紅帕繫及來往市中一人騎馬至如有所指揮羣少帖帖唯諾私問市人曰是爲姚紹孔鳳穎之豪有黨萬人此去姚窪其家也君潛至姚窪偵知紹孔於

某日會飲卽詣縣稱新官視事率徒役如期掩捕紹孔出不意鬭且遁追數十里擒之巡撫密檄至卽紹孔也四而致之巡撫以爲神明年紹孔之黨倪陶倪佩康聚博於順根山門羅刀槊君間道至山奪門徑入倪陶方卧揮刀斷其臂佩康矛刺君羣役踣之並縛至縣斃於大杖又獲羣盜王告等東阿周文忠公僑居定遠歎曰吏盡如袁某百姓開戶卧矣二十六年調補合肥合肥大盜耿四聲勢亞於紹孔屢犯殺人罪亡命藏匿君廣布耳目審知其處二十八年元日冒風雪猝禽以歸股匪盧洪亮徐兆基合掠竹林

關君率鄉勇奮擊淇亮暨馬兆基顧之蹶皆就禽餘匪解散捻賊王大紅等砍殺鄰縣差役及及於官逃入合肥君一一捕獲與鄰縣會訊界上對衆杖殺之血肉橫飛鄰縣噤齘二十九年調署壽州知州壽俗官蒞任無賴少年故犯罪試刑以知官之强懦君至兩少年鬬於堂一破額一傷臂君顧笑曰豈以試刑乎皆杖折其脛紡於柱以示民民有砍刀會出入持刀刺人爲戲君令曰持刀者斷其手君出持刀如故君卽斷其手血淋漓與刀懸之縣門明日出猶有持刀者君又斷之血淋漓與刀懸之縣門凡斷四五人

縣無持刀者當是時四府七州二十有九縣之盜聞
袁某名咸畏憚之相戒勿至壽州秋升泗州直隸州
知州周文忠撫廣西奏調府君襄理軍事咸豐元年
至桂林文忠已去位二年辭還安徽上書巡撫言粤
賊獷悍飄忽勢趨東南宜亟堅壁清野爲防守計巡
撫韙之事甫施行賊已攻長沙陷武昌前鋒及九江
矣趣回泗州部署防事而安慶廬州以次淪沒賊乘
戰艦游弋江南北烽火相接一日數驚君前在泗州
所用吏民識其才鄙勇怯至是悉召用之指付必堪
其事修牆濠具槍礮塹要隘而守之賊知有備不至

五年土賊李三鬧孫蘭芝聚衆於朱山捕之不獲獲賊諜一重賞之使諜賊因得賊處攻之遽遁旋失蹤跡問諜知藏窟穴中實火藥轟之聲如雷衆焦爛焉夏調署鳳陽府知府鳳陽新剡於賊人心搖動城外土匪充斥君且撫且剿以安集之然民以家屬被掠日訴於庭君微聞有賊匿孝陵中飈往捕之禽賊目七得婦女百餘訴者之家屬咸在焉遠近驚服於是鳳人喜君來泗州人惜君去泗人爭於行省曰本我官也曷與鳳鳳人亦爭之會北路賊警遂以君還泗旣而賊掠臨淮泗事益急君請兵兩營營城外與城

上守兵相犄角立城團鄉團以搜隱諜禦游匪家出一丁與守兵分巡城上下柝聲鐙火通宵不絕視三四年加密賊復偵知之繞城北去有許家莊盜藪也至是與賊通藏匿魁黨伺機竊發君率守城兵焚寨夜入獲賊三十餘名斬之論者謂安徽連年大亂羣賊如毛省無完郡郡無完邑邑無完鄉區區一泗州卒獲保全君之功多焉又謂君所禽姚紹孔等樂禍好亂咸有徒黨使賊浮江東下之十數人未死於法必揭竿並起與賊合幷粵賊攻於外皖賊應於內爲患滋大然則君翦除強暴爲仁者之勇誅戮者少而

安全者多也君雖用治盜得名尤勤民事貴池殷家滙蛟水發田禾没君督民作長隄六百丈計工授振隄成民久賴之合肥旱請振未許君馳謁廵撫言其狀得緩本年租及歷年帶徵逋賦邑西南岡田平歲亦乏水君相度泉脈督民濬塘時其蓄洩灌之又令多蓺粱黍是後仍歲大熟泗州旱盡發常平以振全活頗衆洪澤湖爲東南巨浸濱湖州縣十歲九淹至是天旱水涸君履田塍規水道創開溝洫若干處羣目衆口撓之勿顧明年湖水長溝洫受之田獲大稔幷墾湖田千餘頃鳳陽被賊後猶任江北大軍供億

民困特甚君泣請於巡撫免之聽斷至平在懷遠斷陳氏子訟婚事里巷傳誦以爲神君其治合肥壽州殺人獄因緣發露得正其罪則誠心所求有神相焉所至恤民隱督獄情如此嘗曰使吾得爲江浙官縣無盜賊一意治民益有於自效乎然君在安徽十有八年歷三縣二州一府民皆愛而信之泗州監獄牆圮吏請兵衛君曰非計乃坐堂皇召羣囚至賜之酒肉人粟一鍾告之曰將築牆汝勿逸遂爨而築之羣囚負土運磚助之役工竣無一逃亡者攻草溝集捻賊鄉勇失利反爲賊乘君急召民團會天暮數千人

至昏黑中呼曰官安在先衛官再殺賊君出面之遂與賊持天明奮擊賊大潰奪獲財貨牛馬無算及君以養告歸泗州之民祀之釋迦寺君歿懷遠宋生走千里吊於家哭之甚哀是豈武健勝者所能致耶文忠之稱君猶觀其迹未識其心也居鄉救災捍患仁於鄰里持家以禮敎子孫以義茲不具載載其政事之大者君以子貴封資政大夫

施氏曰安廬鳳潁之間風氣悍矣自道光之末亢潦頻仍父子不相保湛於俗廹於歲家藏兵器人懷盜心賊不起於粵必起於皖矣周文忠巡撫安徽鷹擊

爲治所誅渠魁以百數君爲州縣亦能擒巨猾杜隱患治亂國用重典自古然矣凡文忠所誅按之今世刑律勢不可行然誅之則治縱之則亂於時於地律固有變通也王霸潁川龔遂渤海趙廣漢韓延壽張敞之爲京兆同爲名臣其因俗設治何可一概論也君子德俊由拔貢考取知縣君貽書相戒謂州縣一官作孽易造福難少年甯能辨此蓋感於身之所歷太息言之矣

裘府君家傳

公諱寶鏞字韶甫一字芍菴直隸河間縣人道光十

二年進士二十二年選授河南延津縣知縣治有聲二十五年敘中牟治河功以同知用二十七年調知河內縣咸豐元年權知祥符縣二年復還河內用助軍饟加運同銜三年六月朔粵賊數十萬自會城渡河而西次日圍懷慶城中文武吏與居民七萬餘戶倉卒見賊不知爲計彗星見妖鳥鳴城以外火光燭天人心愈懼或請卜之公叱曰守土官義與城存亡卜不吉走乎擲其蓍於地有秣馬城下者公見之曰此走耳斬其馬計糧之數若干計民之數若干軍器之數若干選壯千五百人登陴力守戶出一丁分守

各門陰以兵法部勒城中回民有謀亂者輒詗得之賊舉礮轟城公立城上指揮礮子出耳左右屹不動反以礮擊賊賊爲少卻自後賊日出游騎擊之卽退公覺其異曰將爲地道乎因有作炭者公特出其罪令伏地視見氣如縷出於隙乃於城中央穴地置大甕坐以聽之準聲所起亦掘地道掘愈遠聲愈近至能辨人語引水驟灌之凡破地道三十餘處賊亦隨破隨掘俄登城地道發城陷十餘丈身埋磚土中如有掖之出遇黃衣賊持旂率衆哭煙燄以上手巨磚擊之中其顱顱衆駭退塹拒之然而泥沙塞耳目猝

不可視聽民爭舐其目目復覩兩耳遂聾民請休公
亦不顧地道再發再塹之先是料軍糧慮貧民乏食貸
之富戶書數於册賊退徵償之至是糧亦盡援糧外
至又遇賊掠城中愁急旦暮且饑潰公飽肥犬斃之
潛棄城外賊割其腹而嘻又以城堅不可拔慮援兵
且至內外夾擊一夕遁去凡守懷慶六十日以功擢
知府戴花翎加道銜授懷慶府知府母喪去官遂老
於家以從子德俊貴貤封資政大夫居鄉多善行有
賀爾昌行狀在茲不載載其大者卒年八十一入祀
河內名宦仲弟書懋諱寶芳少有氣略中道光二十

三年舉人敎諭甯晉咸豐三年賊破臨洺關甯晉大震知縣他出遂主城守賊退擢州判戴藍翎十年需次河南會城以南羣盜無數散則耕聚則刦緩則走急則鬥民賊相混不可爬梳陳大僖者據霍莊等寨拒撫聞君之守甯晉也檄知尉氏縣旋調正陽二縣當賊之衝君能練鄉兵屢與賊戰挫之陳大僖平擢同知換花翎在官八閱月未嘗解衣卧勞卒贈知府予德長字文延山東吏目偵賊霍莊被獲死之予雲騎尉世職

施補華曰咸豐二年正月粵賊陷武昌方船載兵絕

江東下昭安慶昭江甯軍行千里如無人焉封疆大吏不能爲旬日之守以待援師何論州縣官乎當是時大江南北能以城捍賊獨一六合知縣溫紹原耳賊遂謂天下不足平分兵渡河而北一趨山東一趨河南趨山東者欽差大臣勝保公滅之高唐州河南城守自公始賊以少挫焉其後數年今山東巡撫張公知固始城守八十餘日會合援兵殺賊數萬賊大震駭遂專擾東南無意北嚮至今兩河父老言河內固始城守事如居旅鼓間指揮號令也嗚呼壯哉

周處士家傳

君諱思誠字一菴烏程布衣生而性行端慤不伍常兒少長信佛氏慈善之說一蟲蟺不忍殺之家世貧苦不任僕婢君每晨起析薪淘米助二親治炊或取垢衣澣濯之然後入塾誦書晚歸亦如之後受邑人聘授童子句讀月必數歸省視二親析薪淘米助澣濯一如少時爲文章詞義卓然然君應郡縣試輒得高等學使者至卽病不獲與試或與試矣入號舍病作文不及終篇蹉跎三十餘未隸學官也其數奇如此先是費先生陽熙字少房隱居城南道場山治宋儒之學其學在破程朱陸王之門戶求其是而得其

通又必旁及老佛諸家觀其所以異君從游數年學遂大進行誼純備布衣蕉萃門徒甚盛咸豐庚申辛酉粵賊屢攻湖城君二親皆老病涕泣請他徙不許曰汝畏死宜亟去異日破屋中收吾骸骨也君遂不敢復言城之西北隅有寺曰長生蕭寂閑曠君與賓友數輩及門徒日講學其中當是時城上下兵賊相持礮聲震天公私食且盡旦暮不可保兵入民家掠取財物婦女老人呼壯者匿小兒啼君神色無變顧謂門徒曰患難命也朝聞道夕死可矣則皆應曰然同治壬戌君年四十六歲五月城陷君爲賊掠去不

知所終或曰被殺或曰自賊中走歸卒於中路君輯宋已來儒者之言兩卷曰下學指南所謂求其是而得其通者也又欲輯自漢迄唐名臣碩儒嘉言懿行爲若干卷曰尚友編未成而與兵禍

施氏曰君少時遇異人授藥一丸黄金色氣味芳烈或傳君被掠時取藥吞之遂得尸解雖語不可信然余與君中表兄弟親見此藥不謂必無是事也履貞抱素詘於生而信於死亦其理與

## 奚疑傳　周農王漁陳長孺

奚疑字子復烏程布衣家世業酒居湖州城南知稼

橋橋西有樓臨水南牕見道場金蓋諸山列若屏障碧湖千頃在其左乾隆初錢塘厲太鴻徵士於此樓納妾朱氏字月上樊榭集中所謂鮑氏谿樓也子復居之署曰月上樓後於樓外種榆十餘樹數年與樓齊改署曰榆蔭樓樓上書聲琅琅然樓下餅樽甕盎纍纍然工詩能畫喜賓客四方名士至湖州者子復延之樓上設筆硯具酒脯流連歌詠窮日夜不厭然通而能介與人交皆如其分武進湯貞愍公爲湖州副將遇無事時命老兵抱一琴徑出南門登樓布席撫琴而彈閒化戴簡恪公乘扁舟來居樓上三日不

謂一客而去人問之曰得見子復足矣其爲當時愛敬如此晚歲務爲長者城南諸鄉皆化之遇有爭訟詣子復訴之一言解去年八十四卒世稱榆樓先生咸豐庚申二月樓燬於兵火

周農字七橋亦烏程布衣子復之友受性孤介終身不娶隨身一鐵瓢一鐵遂自署鐵瓢道人畫梅奇逸涉筆自喜曰冬心先生惜未見此詩極幽峭如坐修篁間風生月出聞寒泉淙淙然年四十餘卒子復葬之道場山下明高士孫太初墓側以鐵瓢殉

王漁字二樵子復中表弟烏程監生畫梅師周農奇

逸不如而能隱秀亦工爲詩所居去榆蔭樓百步曰小竹里館隱居讀書不問外事年踰八十稱城南二老

陳長孺字稚君歸安人府學拔貢生其父山陶與子復交稚君居京師十餘年讀書求友盡識四方賢儁卒無所遇而歸叔事子復博學雅游收藏金石書畫甚富熟於湖州掌故 國初已來諸老先遺文軼事志書所不載者稺君記之綦詳子復比之楊鳳苞嚴元照鳳苞字秋室元照字九能嘉道間方聞之士也曰六十年中見此三人箸有偕隱堂詩文集畫谿

漁父詞同治元年五月賊陷湖州稱君死之年五十
二事聞照千總例　賜卹

施氏曰余年十八謁奚先生於樓上先生已八十矣
改定余詩呼曰小友陳先生晚年貧甚且無子然淸
游閒詠未嘗有戚戚之色性善諧謔文酒之會時出
一語舉坐絕倒湖之人至今道兩先生風流也

## 程慶餘傳

程慶餘字善夫別字心齋烏程人少困童子試而好
學愈甚學以嘉定錢曉徵氏為歸精於攷證而尤長
於書數嘗為六書徵若干卷證引極博又為古今音

韻表十八行省音韻表皆有端緒算學稱中法與同里張仲子之說時有同異曰此所以學古也爲內閣八卿表紀　本朝大學士以下六部理藩院尙書侍郎都察院左都御史副都御史遷授爲督撫提鎭表紀外省文武大臣遷授皆年經月緯曰此所以通今也目誦手寫二十年無倦色又輯金石續編五十餘卷以繼王侍郎昶所作其他撰述甚衆迄未成書咸豐十年賊攻湖州甚急慶餘母目盲不能他徙城陷賊執慶餘去慶餘顧其母不肯行強之即罵賊怒殺之慶餘謙謙與物無忤性嗜酒每醉愈恭死時年

四十一人謂喪一經師云

論曰當時有兩布衣周思誠言陸王之學郡人稱之慶餘治漢儒之說顏其居曰六九齋亦爲郡人所重蓋樸學之士取尊不以名位也而均死於賊致其緒不傳哀哉

石紹漢傳

石紹漢字仙槎湖南鎮筸人儘先都司率楚軍五營守湖州之北門爲人木强寡言而善御士卒他軍恣橫入市飲食或不與錢索之則罵逃而毆見所用物曰贈我即持去不顧訴之其長輒曲庇之或予輕杖

曰懲之矣然賊來物亦非汝有也故士卒日暴無所顧忌獨紹漢秋毫無擾圍急民出城徙避道過他軍苦遭搜括賄之而後釋獨紹漢衛之出險如送家人同治元年四月食盡千總熊得勝約以城降賊與他軍密謀數日獨不告紹漢曰石人知敗吾事五月三日賊從諸門入至北門者紹漢奮擊之相持正急賊反出北門攻紹漢之背火光滿城城上皆樹賊幟紹漢揮所部去曰城破矣各求性命無顧我竟卒二十餘人鬬死死之數日賊殺楚軍之降賊者千數百人得勝逃至上海執磔於市

施氏曰咸豐庚申四月蕭瀚慶以楚軍救湖州戰死長興虹星橋下而楚軍竟擊賊走湖州用楚軍自此始自後水陸至三十餘營然卒開門降賊者楚軍也城以楚軍存亦以楚軍亡紹漢天與忠義獨與瀚慶比烈矣

## 潘錦芳傳

潘錦芳湖州賣酒翁也少習拳勇技擊義心直氣市井無賴咸憚之已而折節爲善謙謹畏事犯而不校晚年酒益讐家富子孫納貲爲品官翁稱封君而謙謹加甚每入市井傴僂旁行與傭保語兄之弟之郡

縣大夫與縉紳之仕而歸者敬翁爲人諂之匿不敢見爲人平爭鬬償逋負事解不居其名咸豐庚申粵賊攻湖州趙忠節公以鄉兵守城指翁告人曰此游俠之雄也惜乎老矣辛酉之冬賊陷會城圍湖州益急而江蘇巡撫駐軍上海忠節作血書乞援募能犯圍出者翁獨請行及陳血書議以松江提督曾秉忠率水師絶太湖而西爲外內合攻之計鄉人賈於上海者聚貲十萬饟之行有日矣有尼之者中變翁乃流涕言曰老夫出城時城中糧已盡矣兵一日兩粥民食草根樹皮空巷僻廬死人相枕生者數老夫之

行旦暮待援懼不相保城外賊如麻登高叫呼兵在城上與之應答岌岌將爲變老夫病且死犯圍爲此行鄉人賈於此者念在圍城父兄子弟宗族姻連其情愁急恨水師無翼而飛也彼尼之者何其不仁乎嗚呼吾不復見趙公矣舉拳擊案大呼嘔血以死死之六月爲同治壬戌五月湖州城陷翁家亦破翁之諸孫至今以酒爲業

施氏曰同治壬申癸酉間重修湖州府志余言潘錦芳事宜附壬戌殉節諸君之後或以賣酒者少之遂不得書嗚呼翁賣酒者也趙忠節公識之矣

## 錢江傳

錢江字東平長興人生而長身瘦面手垂過膝使酒負氣不事生産好談經世之略習拳勇技擊客行半天下識其山川道里輿地之才賢道光二十年詔以宗室奕經爲揚威將軍率滿漢兵渡浙而東禦英夷於甯波江上將軍書大言不遜多指斥將軍怒下之獄或請釋之林總督則徐以夷事戍新疆江隨出關執弟子禮甚謹總督治伊拉里克坎爾四十九處江與有力焉坎爾者引山泉入地道踰戈壁數十里至可田處出水灌之戈壁無水而伊拉里克得闢

地九千數百頃民至今賴之歸游江淮間結其豪民有名字者與潘德輿魯一同臧紆青善德輿一同有文學紆青負志節通術數以弟畜江時時誡之曰君疏狂不檢闇於知人終當以此賈禍咸豐初周巡撫天爵招之安徽使率鄉兵捍賊江見巡撫如有不樂去走京師湖北人雷以誠居卿寺中錄錄無著江為草奏陳兵利害上之即日　召對幫辦江南軍務駐師淮上江淮之豪聞江在軍中咸來歸附江又倡收百貨釐捐以助餉糈軍聲頗振天下釐捐之設自江始以誠且倚之且忌之江恃功多才大辭即讓以

誠曰某事誤行某人誤用某言誤聽何不一謀乃公
以誠積不堪有讒者曰軍心利權胥在於江旦夕慮
爲變以誠乃邀江飲即坐上殺之誣以謀反江既死
江淮之豪號哭散去以誠旋以失機遣戍矣江之賈
禍卒如紆青所言

施氏曰江以奇士遭横死又蒙謀反惡名身後三十
年無人白其事可悲也或曰仲尼有言始作俑者其
無後乎釐捐之設賴以給軍而病商擾民遂無終極
江之殺身天所以戒首禍也紆青從周巡撫以鄉兵
捍賊戰比有功自以命蹇不肯受賞後援桐城戰死

如其志節云

## 周洪燮傳

周洪燮字蓮君烏程縣人湖州府學廩膳生員生而軀幹壯偉似燕趙間人性聰穎爲文章援筆立就奇氣坌涌詩歌詞曲書畫博奕以及醫方堪輿六壬遁甲李虛中袁天綱之術擊刺之技無所不學學必盡其能視儕偶中無當意者過自矜許應省試七薦七黜則盡栟其牙角一混酒色以發其於邑無聊之氣家僅中產不能綱紀至是日貧則愈益無聊耽酒色加甚禮法之士深疾之洪燮亦奴視禮法士衣冠之

會高歌激壯或脫衣捫蝨與之語或應或否有所不樂出門徑去不告主人或以爲病癡洪燮聞之曰寶癡耳非病癡也有女適人而喪所天依洪燮爲活幼妾生子方五六歲洪燮每入室相對慘惻不怡久之城陷賊執洪燮去聞其習壬遁也方援崑山亟令占之洪燮給賊曰吉既行則負手獨語曰卦象告凶賊其死矣爲留視洪燮者所聞及賊敗歸以告賊怒牽出將殺之洪燮顧笑曰吾不從汝求活也何怒爲引頸受刃年四十七

施氏曰聞湖州陷時蓮君自爲輓詩其言絕痛嗚呼

豐於才而嗇於遇至求一死畢乃事也死固有命焉天之生是才也何爲也哉

## 姚天保朱大斌傳

姚天保烏程縣人屠者年五十餘嘗湖州被圍時或勸天保他徙天保曰吾生長郡中二十里外無相識者徙將安之城陷賊執天保脅使出金天保罵曰賊若死在旦夕尚欲金耶前日官兵獲若輩戮之儀鳳橋下以其肉餵狗度不下萬人今卽城不守援兵且至吾死爲鬼尚能見若輩頭足異處也賊怒朴之罵愈厲乃支解於儀鳳橋

朱大斌歸安縣人少嘗爲兵以老除籍生平務爲長者雖蟲蟻不忍傷之城陷賊見大斌忽甚怒必欲殺之同俘者爲叩頭乞命大斌曰此吾宿孽及此一償免生生受累也怡然受及年六十餘

施氏曰咸豐庚申二月余爲賊掠至武康途遇一鄉人與賊相搏拾地下磚擊賊賊爭殺之至死罵不絕口此與姚天保比烈矣惜不知其姓氏若朱大斌者幾如道家之兵解又何說也

## 徐蔭培沈心燦傳

徐蔭培字思棠德清人湖州府學生員天性方迂當

賊擾東南嘗謂所親曰萬一德清不守吾當奮罵賊搏一快死人傳以爲笑庚申二月賊陷德清家人俱走蔭培獨徘徊戴侯祠下有速之去者瞋目不荅賊至叱之曰國家何負汝汝乃作賊耶前日李開芳寸磔於京師汝寗不聞語而渠帥速降官軍賊怒以及加頸曰有金貸汝死蔭培笑曰金固在然不以媚汝乃探懷出舉而投之河賊愈怒殺之臨死血噀賊面罵聲不絕

沈心燦字浣花德清縣學生員少美風儀跌宕自喜自東南多故慨然有平賊之志然不得一當庚申賊

陷德清據嘉興心燦遂發狂疾日飲酒歌哭間作聲達內寢母呵之乃止踰時復作辛酉德清再陷心燦奉母登舟走荻港爲賊所乘既脫而母驚死於是心燦大發憤語其仲弟曰今與汝取別汝以槽行吾與賊不共戴此天必剚刃其腹再與汝見也遂留不去然無可假手賊至匿蘆葦中爲搜得之心燦紿曰吾有金在蘆葦中願取以獻賊縱之遽大呼赴水以死遺一履岸上賊無所洩忿取其履碎之賊退沈氏求尸不得奉碎履以葬死時年若干歲

施氏曰蔭培迂士心燦狂人當時智者多笑之然而

飲刃如飴以伸其志孔子曰甯武子其愚不可及也伊古以來忠臣孝子出於智士哉

費鼎成傳　坳沈阿艮

費鼎成烏程環渚村人幼時能記誦五經傳註旁及史記通鑑諸書鄉里中號爲穎出終廢爲農閒爲童子句讀之師爲人伉爽善談笑夏月之夕鼎成每坐大樹下迎風灑然鄉人帖帖立男女雜遝嬲鼎成說古來事鼎成取史記通鑑所載子所以事父弟所以事兄婦所以事舅姑宜夫敎子與不幸而守節民所以事官奴所以事主盡情竭態張皇出之佐以雜書

小說佛氏之因果聽者欷歔惟恐夜之久語之盡也
咸豐庚申二月賊陷長與去環渚村五六十里或勸
鼎成避去鼎成慷慨語曰吾家七世爲　本朝百
姓食其土生之毛沒齒晏然屬者天下盜起兵殫財
盡又不徵民一丁加民一賦時　詔有司救民於
盜中歷秦漢已來誰氏之民若是存卹也賊至而逃
曾不如狗當是時人多迂之四月賊犯環渚村執鼎
成去鼎成奮駡奪賊手中槍刺賊賊怒殺之棄其尸
於路沈阿艮者屠者也與鼎成同里聞賊至避至數
里外頓足哭曰吾母在門度爲賊虐矣於是間道歸

負母以出中途遇賊驅阿艮負米阿艮戀母奮與賊搏爲所殺

施氏曰鼎成一耕夫耳顧以世受　國恩欲報以死宜人多迂之然士大夫之族愧此語者多矣阿艮已出復歸以身死孝屠者乃有此人哉自士大夫化性成僞忠孝之輿乃於草野嗚呼可慨也已

沈如芳傳

沈祿字如芳烏程環渚村人膂力絶人喜從里中無賴少年游里中皆目之庚申二月粤賊陷長輿里中富人倉卒避之他所諸少年爭入其室取衣服財粟

莫敢誰何如芳獨念曰里中人薄我久矣及此一洒之於是操梃出罵諸少年曰若敢作賊耶令賊不至富人還訟縣官縣官操三尺法隨若後欲完頭頸得乎且吾與若相識他日一一證之諸少年驚去其年四月賊二十餘人僞爲泗安潰卒行至南皋橋事敗如芳率里中人捕之賊持槍刺傷如芳如芳疾馳去呼里中人曰前前賊二十餘人耳將死問家人曰賊盡得乎曰得之盡殺乎曰殺之遂頷首以絕年若干歲

施氏曰如芳可謂丈夫矣爲善數月足蓋惡名惜乎

卽死於賊不及觀其旣也然以無賴之如芳今日得與忠義之列使余執筆而書之爲善之效大矣卽死於賊命也命短而名長人何所計較吝於爲善哉

## 朱綬傳

朱綬字某歸安荻港村人荻港在湖州城南二十里而近由杭趨湖當其要衝辛酉之冬杭州再陷村人紛然四徙或邀綬去綬曰荻港村朱綬冢也去者去留者留無煩顧我旋約村之未徙者閉柵以守具船筏鳴鉦鼓若將迎戰之爲者賊爲觀望不進數日後綬廵行柵外遇賊與鬥死之兄弟子姪死者凡七人

邵氏吳氏朱家婦也賊至相謂曰男不爲賊民女可爲賊婦皆赴水死僕婦栢氏從之亦死

施氏曰古人有言士各有志無庸相强假令綏卒其家人骨肉委虵賊中以智自免不過數年廓清攙陷再覩太平豈得以不死責之耶而綏必不爲嗚呼爲賊民且不可况爲賊臣乎懍懍乎烈士之風矣

## 沈錦舲徐榮椬傳

沈錦舲遺其名烏程縣學生員賊陷湖州入錦舲家縛其父於庭索金不得將殺之錦舲趨抱父頸呼曰殺我殺我我以釋吾父賊相視而嘻錦舲呼之急賊以

刀擬之曰死也願之乎錦舲曰釋吾父願甚賊竟殺之縱其父去

徐榮楏歸安縣主兵吏城陷遇賊於巷爲所掠置一樓上繫之同繫者凡九人樓臨大河榮楏夜斷其繫破窗躍入河賊拯之曰何故死榮楏罵曰與爲賊不如死賊怒紡榮楏於柱右設湯鑊割其肉煑之徧食同繫九人者遂死

施氏曰庚申二月余兄弟避亂基山爲賊掠去賊亦索金不得曰殺一人釋一人兄弟爭死賊義釋吾弟掠余去至孝豐亦釋之錦舲可謂不幸矣或言榮楏

貌如豕於法宜惡死然榮榁豕其貌耳其死之烈固今之義民也求仁得仁二人死何恨乎

費徐氏傳

費徐氏處州某縣人父景藩湖州運糧千總家於德清嫁女德清費氏舉一子而婿死年二十二誓守焉氏有祖姑事之甚謹祖姑憫氏年少且貧諷令改適氏不可曰願爲費氏字此呱呱者景藩或時饋遺即以奉祖姑咸豐十年賊陷德清景藩他徙攜氏同去氏泣曰祖姑在女何得去出其子託景藩曰以此累大人明日賊大至見氏將辱之不從則脅以刃其祖

姑在旁事急相向而哭氏慨然曰死一而已豈復有二因起向賊求死賊怒繫之樹上曰我出汝心心誠堅否刃之不入連刺之腸出心垂膽間如石賊大驚異就德清人詢其姓氏曰此婦有神氏死時年若干歲

施氏曰同治壬戌八月湖州賊平大吏捕鄉人之爲僞官者論定其罪余友德清江子平爲言費徐氏事遂爲之傳子平又言氏所繫樹至今血漬深入寸許濯之不去云

## 李彭二烈婦傳

李氏肅州農家女總兵馮桂增之妾也桂增山東臨朐人同治十二年隨今相國左侯誅肅州叛回馬四遂軍其地光緒元年納李氏爲妾其冬烏魯木齊都統金順檄桂增赴新疆氏遂留肅州與部曲諸婦女同居氏御諸婦一以禮法諸婦女憚之若部曲之事其帥會額爾慶額以涼州副都統會辦新疆軍務二年正月約桂增襲瑪納斯城破之軍無後繼反爲賊乘圍額爾慶額數匝桂增大呼馳救身被數十槍死師人死者三百而額爾慶額跳免氏聞日夜哭諸婦女勸以方有身也氏哭如故已而生子氏且乳且哭

如是一年諸婦女無有得氏一笑者三年四月所生
子死而部曲將歸桂增之喪氏聞不復哭與諸婦女
言更爲和易諸婦女咸怪之五月桂增之喪至氏撫
棺哭之慟須臾仆地不語諸婦女視之口沫濡濡氣
不絶如縷蓋先時已仰藥云旣死諸婦女爲之易衣
以斂縫紉至密不可開也年二十

彭氏貴州貴筑人鎭筸田與恕爲貴州提督婢畜之
田戍新畺以家屬從道出秦州止焉而鍾祥黃翥先
爲秦州知州喪偶遂納彭氏爲妾光緒二年左侯再
至肅州料量新畺軍事翥先從爲主計時時被病侯

憫之命賃屋居營外迎氏侍湯藥四年二月翕先病
卒氏大哭已盡啟篋篋暴諸衣服錢財以屬翕先之
子取金吞之遇救不死越日復吞之翕先之友益陽
王維國烏程施補華以其志殉翕先也戒其家勿救
二日而死年三十二
施氏曰婦行放佚邊塞爲甚非性之罪蓋閨門之化
鈌焉李氏彭氏身爲人妾至微且賤而皆死其所事
期歲之間二烈相望也彼甯有殊性耶左侯兩請於
朝得旌如例以李氏隸籍肅州爲建坊於麗娥
廟側而余復爲之傳詩序曰風風也上以風化下李

彭二烈行其所性何事表章卒所以表章之者嗚呼可以思矣

姜張二貞女傳

九姑四川汶川縣姜氏女字成都袁瑛未嫁也瑛從軍江南咸豐三年戰歿九姑聞之不食數日垂死或諷九姑曰死夫義矣雖然袁郎無後盍立嗣子而撫之爲烈婦孰與爲功臣也九姑從其言撫孤於姜氏之室十有六年而卒年三十一

五姑張氏女字同縣姜文炳亦未嫁也咸豐五年文炳以疾卒五姑辭於父母曰女生姜氏婦死亦姜氏

鬼也遂務面奔喪當是時文炳祖母與父皆在堂五姑事舅如父事祖姑如祖母祖姑病刲臂和藥療之婉婉孝謹二十年如一日云文炳九姑之從子也而得五姑爲婦姜氏一門節義相望可謂吉祥善事矣

作姜張二貞女傳

論曰昔震川歸氏作貞女辨以誚世之未嫁而守節者謂男女之情未接無從夫之道也嗟乎女子字人大義相許父母之命媒妁之言明明以身委之矣不幸而夫死爲之死可也爲之守可也本義以伸情何謂不合哉禮曾子問曰娶女有吉日而女死如之何

孔子曰壻齊衰而弔既葬而除之夫死亦如之聖人之制禮也使過者俯而就之不及者仰而跂之蘄之於中道人人易行而已世衰俗薄婦道尤替蓋於禮常不及矣一二貞烈之質激於心而過於禮以發爲絕特之行雖未幾於中道而維持風化夫固聖人之所許而王者之所褒也嗚呼姜張二貞當之矣

書王世祜

王世祜湖北黃岡縣人父家澧甘肅候補縣丞司藺州源源倉光緒三年世祜年十七自黃岡來省父父病遂留不去九月病亟世祜刲左臂肉和藥進之少

愈矣已而竟卒四年令相國左傒上其事於
朝得旌如例容私於施某曰聞之身體髮膚受之父
母不敢毀傷封臂禮與曰凡情至危難急廹而發者
禮不能以止之夫不封臂禮也而無術以救其親封
臂非禮也術亦不足以救其親而猶有萬一然之幸
則甯犯禮所不與以致情所難忍情所難忍至性所
流露也孝也踰於禮而有合者也且世祜何暇言禮
當是時憂父之將死旁皇無所出也假令有一術焉
以身之生易父之死世祜猶將爲之而況於封臂乎
禮者先王所以一天下之愚智使就乎中道也若夫

危難急迫而至爲世詬之事君子亦哀而許之許之者何也禮導源於性而爲功於情彼固據禮所從出卒發而驟過者也故曰踰於禮而有合也

## 書俞德和

咸豐庚申三月余爲賊掠至孝豐暮夜脫走天明日出出求食飲遂遇一人短衣上下視予曰此間無君若者何自來余具以告曰君歸必過長興民賊方鬥若之何拉至其家具食止宿明日提湯趣浴爲理頭髮解余身上衣手自澣濯之凡居其家八日長興賊退余乃告歸曰歸耶此去新剏於兵無所得食因爲

角黍十二盛以敝囊右手令提之左手一雨蓋扶送出門顧其妻笑曰可矣似販炭客矣當是時長與民憾賊甚過逃歸者輒殺之惟販炭客得出入界上故云余歸未數月孝豐没於賊遂不復相聞又十餘年感其夫婦之高誼終無以報也乃爲文記之君俞姓名德和農家子嗚呼噫嘻余獲於德和豈非甚幸哉書傳所紀漁父漂母之事得伍胥韓信遂爲美談耳德和所行與漁父漂母何以異而施非其人余之甚幸殆德和之不幸歟然漁父漂母不聞姓名使余此文而傳天下知有俞德和也豈可謂不幸歟夫漁父

漂母非以求名者也余欲天下知德和又豈德和之心歟亦用以爲報耳且知漁父漂母固不絕於今天下也

## 書廖許兩知縣事

廖君諱宗元字梓臣湖南甯鄉縣人道光丁未進士以知縣分發浙江歷署仙居德清皆有善政咸豐九年八月來署歸安清理錢漕搏擊豪猾旬月之間名聲大起明年正月賊陷廣德二月五日遣卒千人夜半叩城門求入呼聲甚急城中驚走相踏以爲賊至君出庫錢五十萬騎馬出城坐關神武祠遍給之語

其將曰城中不能容汝好西去守關隘也於是卽夜散去至十七日賊來攻城總兵李定泰拒之君騎馬行街市間呼百姓登城助守而自率數十人城上城下晝夜來往不息以督竊發之奸四月賊至君勤如前百姓人人自奮益出死力五月某日君起署中嘔血倒地舌卷縮不能語百姓皇皇哀籲於城隍神者日數百人甚有願以身代者婦女稚幼焚香膜拜誦佛號爲君祈福君聞卽爲書告曰宗元不德不敢以煩父老恐增罪戾也明日强起肩輿行城中百姓見者讙曰果愈矣聞者讙曰果愈矣然君性剛於尋常

人不肯平面視以此爲大紳所恳思以疾去百姓微
聞之羣走烈日中驚相告語擁君不前城門四塞百
姓泣君亦泣拜君亦拜竟不果行又明年二月始被
檄署紹興府事遂與紹興之亂君之赴紹興也賊已
破浦江下諸暨君議撤城外民居遷其民入城爲堅
守計又爲大紳所恳揚言曰聞廖某渡江已爲賊殺
今其來者賊使也民固已疑之而君部卒適奪民家
物於是羣譁曰廖某之爲賊信矣見君爭毆之君不
能辨憤而投河或援之起乃仰藥死死之明日賊入
紹興城大紳逃去於是湖紹之民各譻毀君至相訾

謦同治三年今相國左公以兵平浙抗疏直其事君
得優卹大紳戍邊
許君諱承嶽字桂山湖南甯鄉縣人廖君爲縣浙江
常在幕中爲掌會計勾稽出入條舉件繫既無妄費
亦無私積廖君甚倚之納捐典史保升縣丞復由縣
丞納捐知縣分發浙江咸豐十一年來署烏程爲政
一視廖君而寬厚過之當賊之陷杭州也環錢江以
北咸爲賊有獨湖州一城相與支拄於是賊悉力來
攻衆數十萬山谷皆滿城中兵萬人百姓十餘萬爲
堅守之計以待外援予時走告諸當事於賊未至之

地就地徵漕分運入城以足兵食絶盗糧君以爲然言於趙公而行之然賊已大至民皆四走得米僅四五千石明年三月城中糧盡兵一日兩粥千總熊得勝下搜米之令家至戶到取及斗升衣服錢財雞鴨犬豕其無有者膊而戮之君調護曲至涕泣見得勝言百姓無米是後搜米稍緩五月初三日得勝開東門降賊城陷君在西門望見卽騎馬入署就縊一妾從死君實心爲民見於容貌辭氣而才微不逮故民不甚知正月之初君謂予曰吾元日夢水漫堂階其赤如血庭中兩柱無故自折城其不守吾其遂死於

是乎已而果然

書吳守備事

予識君在丙辰之歲君爲湖州左營千總長身頳面眼爛爛如電遇兵卒有恩尤喜與士大夫接暇爲葉子戲團坐竟日不厭也其決勝負不過千錢入市買酒脯招邀歡飲諧謔四出而精悍之氣隱然眉睫間其他武人豪暴之習一磨刮盡去後升守備咸豐庚申二月賊陷杭州君家在城中一女弟一子一女縱火自焚君哭之過時而悲其年都司趙鼎鏞卒君宜攝事忤當事者分守東門君日坐城門下詰何出入

甚勤其事夜與老兵同臥起無幾微不平之色同治壬戌五月城陷君驅妻子入水以身繼之不及爲賊殺噀血賊面罵不絕口君少爲撫院戈什哈月齋章奏走京師盛夏溽霖烈日汗出如漿氣息纔屬冬雪數尺北風墮指馬毛拳縮未有踰限者凡十三年積勞至千總君醉每自歎曰區區一官兩股已無胈矣年五十四歲君諱鳳祥字春梧仁和縣人

施氏曰湖州協副將鄂爾霍巴字斐堂蒙古人年六十餘自賊圍湖州嘗積火藥於庭及城陷聚家屬室中燃火藥轟之無少長皆死賊入署內者死二十餘

人吳君爲其屬可謂雙烈矣其時有左營千總楊姓亦不屈死失其名

書張仲子

張福僖字仲子一字南平湖州烏程縣人府學廩生高才博學尤精天算小時師事同邑陳靜菴靜菴算學老師仲子盡得其術及同邑徐莊愍公撫江蘇仲子爲之幕佐莊愍著務民義齋算學思力精絕仲子時其清暇即與辨難而海甯李善蘭壬叔亦以算學鳴攜所著書詣莊愍質之遂與仲子相習仲子由是學大進著彗星攷一卷光論一卷泰西人言算學者

皆歎服其說爲人質野少矜飾與人言目上視有相仲子者曰當以非法死其後粵賊破蘇州莊慰闔門殉節湖州亦數受圍仲子無所歸客游至上海同治元年三月城圍益急湖人在上海者請援於當事既許之矣而仲子家在圍中思間道迎之出於是湖人作書埘仲子語圍中將士死守待援行至毘山遇賊反縛搜懷中得其書獻賊酋覽之書詞隱約初不甚解洸小廉者湖人之從賊者也取書覽之遂誦之酋乃大怒設烈火庭中燒鐵索至熱上下其身剝匝皮肉焦爛狼藉仲子度不可活瞋目大呼且罵曰賊援

兵夕至汝朝戮矣吾死爲厲鬼當從擊汝也賊塞其口殺之懸頭樹下四月初七日也越日鄉人購其頭與尸并葬之與尸合膠不可解三年湖州復子某迎其棺改葬於祖塋之旁生平著書甚多遇亂皆散佚其彗星攷光論聞湖人陳某藏之亦無刊本

施氏曰仲子爲徐公客數月即歸及賊趨蘇州仲子乘小舟謁徐公請與俱守徐公謝之曰并命於此無益也請以幼子出徐公又謝之迨賊攻城公促之去又二年罵賊以死是知忠義激發其素所樹立然矣嗚呼不負所學哉

## 書程子祥

自湖州來者言程子祥純素澹泊今爲道士無若子祥者余曰汝知子祥所以爲道士乎子祥名符山西一典史其母庶也方居湖州與子祥之長嫂相愛長嫂中年哭夫與子目不見物有子慶餘博學至行能事其母及子祥之母故子祥歲致百十金以兩老人託慶餘慶餘亦賴以鍵戶讀書室中怡怡兩老人並案而食同寢而息咸豐庚申二月賊攻湖州子祥自山西歸迎母與嫂嫂以盲不肯行母曰我不忍舍若去死命也勿徙子祥遂棄其官傭書杭州一月所入

寄其七養之辛酉十月杭州破湖州州圍子祥在賊中求入湖州不得同治壬戌五月湖州破子祥入城則巷有賊居戶有賊據至其家賊撻之曰誰知汝母巷求之無有戶求之無有受撻與駡不知其數旦遇一人曰走矣暮遇一人曰死矣子祥旋出城求之四鄉登山而號涉水而哭暍無暍寒無寒饑無饑渴無渴皸手繭足鬢鬚如蓬蟣蝨繞衣領其求不止鄉之翁嫗無不禮也童稚無不詢也廟無不祈也冢無不禱也如是三年空中聞母語曰骨不可得矣神鑒汝孝宜自脩子祥遂出家爲道士隱於金蓋山今之道士

宜其無若子祥也慶餘歿於賊卒如神所言

記黃氏四烈

合肥之黃有四烈魯氏黃應杞之妻十八而嫁逮事其姑姑稱曰孝數年生二子而應杞病應杞有兄曰應林嫂曰孟孟與氏相愛及病亟氏涕泣告應杞曰吾從夫行養姑賴長姒矣姒視吾子如出腹也死生何異應杞死不食十日乾隆十九年十月二十日烈婦魯氏卒卒四十九年爲嘉慶八年而有李氏李氏之夫曰紹友應杞族子也早死家貧甚孝李氏紡績養姑撫夫兄之子而嗣之自食常不飽姑哀之曰以

老弱絫賢婦貧苦若此何以自存或勸姑曰盍改嫁之氏聞而未察也急歸母家母家無親兄弟有從兄亦他出無所依倚乃過鄰婦曰吾志養姑撫子雖行乞勿令姑餒今遭此變不遂矣吾賴十指力爲姑置一棺吾死勿用以殮幸他日告之鄰婦勸之歸氏且行且泣至家闔戶取紹友所佩刀自剄血淋漓濺牆壁室有紡績具盡赤八月十三日也又四十五年爲道光二十八年承谷之女繼之女幼能事其母母病而獨侍母卒而深毀初女仲嫂龔有娀適楊氏夫亡不食死女與嫂相見叩其事甚悉曰嗟乎與吾族高

祖母曾氏比烈矣二十嫁董經讀董舊家中落日有
門戸之釁女見經讀不支議同歸母家避之未及而
經讀死女時在母家聞之號泣拜諸叔曰董氏已矣
兒自爲計易易耳雖然兒母死未葬父出未歸弟夭
而嗣子未定叔終此二事兒死不恨矣拜其叔母曰
母愛兒者兒死一啟手足又遍拜家人曰鬼猶求食
董氏不祀矣歲時上冢分我一盂飯也奔喪至董門
不食十四日卒遺其月日承谷從子曰瑞蘭有長女
字余受祜瑞蘭官於外女常隨之亦能事其母其侍
母病與居母喪一似董氏姑光緒九年八月瑞蘭假

歸嫁女舟次某驛夜聞鬼哭聲甚厲女心動曰此何
祥也此何祥也瑞蘭亦異之當是時受祜以疾卒於
家卜月初抵江甯姑聞之女即飲泣不食十五日抵
家女强進一餐戚族之過存者破涕對之十八日復
不食請於瑞蘭奔喪不許則折釵以誓瑞蘭知不可
强也從之二十日嫁期也女吉服詣余氏抱木主而
拜禮成縗麻而哭曰天乎吾爲董氏姑矣請於姑以
長姒次子嗣之於時黄氏自其父瑞蘭以下余氏自
其姑以下皆環之而泣女轉慰解之凡不食十三日
至三十日卒

論曰昔震川歸氏作陶節婦韋節婦王烈婦諸傳而深非未嫁而殉夫者謂男女之情未接未可以身死之也嗚呼夫者天也人戴一天豈戴二天女未嫁而殉夫猶士未仕而殉君耳伯夷叔齊未食商之祿迨周滅商餓死首陽山孔子賢之此可以例矣羣言淆亂折諸聖歸氏之說非言之淆亂者與黃氏四烈相望於百數十年間余故論次之並破歸氏之說發其義以告天下

# 澤雅堂文集卷六

烏程施補華均甫箸

## 姚子展墓誌銘

君諱謙字子展湖州歸安縣人其先沈姓有壻於姚者因冐姓姚氏凡數世至君之考諱翢榮脩行於鄉始有名稱君幼開悟讀書不過三徧即能覆誦不遺一字爲詩古文詞若有天得場屋之試亦以古文行之稍長益務讀書求友與同郡六人者爲君社問學相長師漢劉騊以古文寫五經講求六書聲音訓詁曰吾非能爲經師韓愈氏有言凡爲文章宜略識字

將以治吾文也咸豐己未舉於鄉明年庚申粵賊攻
湖州大紳趙忠節公以團練扞賊烏程歸安長興德
清諸鄉聚皆應之君主辦郡中團練舉余自副分郡
中爲三十五鋪鋪各有長一鋪若干戸一戸若干口
書之於籍而榜之於戸又每十戸循環爲長以稽其
口之數多則問所來少則問所去告之鋪長鋪長告
之君與余按籍之戸而書其下故城中數萬戸戸男
女大小歷歷可計無一奸之能匿賊至則戸出一人
領於鋪長登城助守陰用兵法部勒甚雨大雪植立
如鯖寬於晝而嚴於夜如是二年至辛酉之冬賊再

陷杭州環江浙數千里皆爲賊有君上書忠節公請公私多買米穀爲持守之計事旣行矣有尼之者緩賊遂圍城同治元年壬戌圍益急城中食盡楚軍統領熊得勝下搜粟之令家至戶到舉城騷然君又上書忠節責以放兵擾民事以少緩五月初三日得勝開門降賊城陷君祖母氏童母氏習妻氏周一叔四妹俱死於難君從死不及間道走上海期得一當以雪家門之恨復喋不得施悲憤塡膺莫可發泄於是一混於酒不擇人而與之飲醉則歌哭無常或拉爲狹邪游必曰有酒則往往又必極醉余嘗識其用心

而哀其遇思有以開解之嫉君者顧以爲口舌也甲子七月官軍復湖州君歸葬其祖母以下凡八喪九月某日以微疾卒於蘇州將卒顧其從弟某曰生與死孰樂汝知之乎嗚呼此可知君之用心矣篋中存古文若干首詩若干首皆君所手寫以余所見證之蓋散亡者夥矣使君不遘壬戌之變雖窮無所遇僅得中壽其用心於文字所至顧可量哉乃今止於此明年某月從弟某歸葬君於縣東五十里雙林之原徵文於余余與君同出茗社誼至親厚又患難之後粗識君之用心遂不辭而爲之誌係以銘曰

嗚呼子展天爾子也零丁海隅萬事裂也一死爲優生者劣也腐腸伐性忍自割也其道則狹志勇决也芝焚蕙化重悲咽也文章之光並玉雪也清照千年不可滅也

## 鈕右庭墓誌銘

嗚呼余少孤貧無所師居里巷間所所與游處飲食親厚如兄弟有無相通行誼文學相責難責難之甚至於呰訾而不惜者常得四五人非孔氏所謂益友者歟四五人者歸安姚諶淩遠遠之從子瑕德清戴望與君是已鈕氏世以科第顯子弟倖色揣稱專力場

屋之試獨君與其從子家楏不喜爲世俗之文閉戶治經講求聲音詁訓相得如朋友然而君於易尤邃於虞氏消息之說能推究其遺義時爲族人空無不學及學使考校家楏稍黜所作能中程度君輒居下等族人亦相與目笑之性又卞急動與人忤咸豐丁巳戊午間余館其叔父家爲童子師君與家楏日日來或理經說或論人事語有不合君必爭勝余反言挑之君爭愈力至於發怒僮僕戶外竊聽相與驚異或拉主人視之見君項下筋如箸刺刺不自休主人排戶入曰爭何爲者即一笑罷去然異時思君所爭

多足與余相磨切者其後家楏病酒卒君益無所向
與余加親厚同治壬戌五月粵賊陷湖州君妻子俱
死余時流徙賊中與君一再相遇形色蕉萃卞急愈
甚甲子七月湖州復君歸無所依往往依寓余家余
母以二十二官呼之而不姓視如子姪二十二君之
行也辛未九月以暴疾卒於杭州年三十五其年十
二月弟某歸葬君於湖州城南蘇灣之原又十年光
緒庚辰十月余在阿克蘇始爲誌而銘之嗚呼噫嘻
余今年四十有六未爲衰老此四五人者年亦先後
相若而甲子九月姚君先卒至辛未而君卒至癸酉

戴君又卒其幸而存者凌氏父子二人耳方出謀食
散之四方余馳驅萬里以外顛頓狼狽讒謗盈口與
凌氏父子歲無一紙書視少時之相親厚相訾謷渺
如隔世生者之懸懸相望不若死者之冥冥無知也
然姚戴兩君之卒皆有文章傳世光氣不可磨滅而
君獨未箸書則君死而不亡者又將安在其命也夫
其可悲也夫君諱亮字右庭烏程諸生銘曰
跐仕無命述學無年門戶將落嗟君不天噫吁

## 朱叔壽墓誌銘

有被道士服者曰朱叔壽年十七頗通敏與之語詞

未畢而意已得姚子展甚愛之曰此吾門中人也授以王維常建詩卽能識澹蕩之旨又善學顏魯公書吹笛擊鼓彈琵琶皆中音節而叔壽亦獨與子展善視予如師餘人或不交一語以此人謂我兩人偏厚叔壽也壬戌五月三日湖城陷叔壽赴水死叔壽予所字也其名祝三當時子展爲字說主老氏死而不亡之義予以爲不祥癸亥三月予在城東之雙林子展自海上來省余閒謂曰朱叔壽不祥驗矣然其死不可亡也乃爲之銘

汝聰明汝光榮生得子展爲友而死猶責我以銘汝

視儔輩殁則冥冥

吳蓮舟墓誌銘

君少年美丰儀與人溫溫無所忤然甚有膽智今上之元年五月湖州城陷君歸自上海謬與賊渠交結久之持賊兵符入城取其家屬以出已而徧習城中賊渠出入戶闥凡湖人子女陷於賊者或以財贖或以計取拯人若嗜欲無所利而為之屢瀕於危能以智免自五月盡八月賴以出者幾千人而君遂病病二年竟卒年二十六一子名拾得外婦某氏出也踰年亦殞於是湖人之論者謂活千人者有封君

活人若此謙不自有而三四年間父子繼歿是謂無天道矣嗚呼噫嘻是烏足以識天道耶衆萬之生强越而弱滅巧勝而拙負相吞相搏且數百年偏至不平之氣凝冱固結如久陰未雨而喜淫好殺餘罪未治者又不可勝數天怒甚矣特驅之以餌賊牟之家之礁之斧之君顧奪之礁斧之間而置之袵席雖甚盛德不足以洩天怒也天怒無所洩則移其怒以怒之古者豪傑之士非其時而拯其變動與禍會未始不如是君猶其小小者耳然君死而湖人哭之哀至於蓄疑致忿不解其故於天是亦行善之一效也無

憾於人事可矣天道豈易求哉君諱元吉字蓮舟烏程吳氏葬於縣南衡山之原其後十年友人施補華始爲之誌埋之墓側銘曰

雷霆擊物怒未止抗手相援震而死嗚呼吳君怨誰氏

## 張仲厚墓志

烏程張仲厚嘗極醉語余曰吾他日死君爲數行字紀姓字里居年歲與生平事可錄者納之墓中而大書於碑曰酒徒張仲厚之墓何如余唉曰諾光緒丁亥三月余在利津思仲厚語爲文寄其子如前諾君

諱堯封少游上海市爲人主會計自識姚子展知有文學事日日閉門學顏魯公書讀韓文杜詩就子展講解又因子展識余間至市中其曹拒之曰君將爲秀才不敢與之伍君怒棄去益貧然得少錢與其過逢劇飲大醉嬉戲諧謔退而妻子告饑掉頭不顧一夕醉死年三十一同治庚午九月某日也君於甲子歲舟次吳江夢人告曰以庚午九月某日死問何罪曰數也已而果然祖某父某子一名抱孫

## 王定伯墓志銘

定伯既歿之二十三年其子祖維自家來濟南依余

間請曰吾父之墓樹木可材也而未有刻詞如葬庶人禮耳丈人亦哀之乎余曰諾是吾若社之長也余後死當銘銘曰

君姓王氏諱承羲字竹侶一字定伯湖州烏程縣人府學廩生家本富實因亂而貧門以內父與諸弟與父之妾弟之妻人持一心嫌猜怨詈童婢老嫗出入房闥傳語爲間君能油然孝友曲彌婦人之言年四十以疾卒妻某氏子祖維烏程諸生君嘗慨然有學符之志與同輩姚諶等六人結若社相講習爲駢體文及謌詩工麗中法度其可紀者如此墓在湖州城

西仁皇山之原是爲銘

## 刑部主事王君墓誌銘

君諱蘭字者香又字醉香湖州歸安縣人先世嘗遇異人冬月授一荷葉鮮新如初出水其上隱隱有字則醫方也按以治病莫不立愈故世傳王氏荷葉十八方曾祖諱某祖諱某考諱某君少孤貧棄書學賈年二十餘復讀書爲諸生同治庚午舉於鄉與余爲同年湖州同年舉者凡十六人君最壯實善飲食習勞苦與余最親厚甲戌以後余之甘肅凡與君別一十二年中間聞君成進士入翰林改主事翔而復止

墨墨爲刑曹光緒乙酉余隨錢唐張公朝京師復與
君見則形色黯黮氣不任其詞問之曰噫病也而鬻
米僕賃之急有非病之病焉余止京師一年與君日
往來時時慰籍之被酒則言余及君壯以至旣衰君
如有國者唯努力中興君曰敢不勉雖然短長命也
則視余而吁丙戌張公廵撫山東余復爲從事君書
月一至就余謀自存活者十二月某日竟以疾卒於
京師年五十二君儉素和易中有執持官不及德而
又無年加之以貧困於天意云何也其於余聞譽則
喜聞毀則辯聞過則諫親厚如兄弟焉君卒余親厚

者誰歟嗚呼可哀也已予一某今年某月將以君柩
歸葬於歸安某鄉某原因爲之誌碑書而藏之墓銘
曰
奮跡於貧仍以貧死憂愁在官如一寒士及其衰也
託余以子嗚呼君曷知余爲可恃
誥贈恭人陳母龍恭人墓誌銘
嗚呼自聖人殁而庸德湮天下有志之士往往矜於
艱苦絶特之行故士之殉其親殉其君者婦之殉其
夫者撫孤而守節者士之刲肝割臂療其親婦之療
其姑與夫者咸爲鄉黨所敬而　朝廷所旌夫其

艱苦絕特爲人所難誠可以感動鬼神變易風俗然必其君親與夫之不幸遭逢變故死亡疾病而後爲臣爲子爲婦者不得已而出此也若夫躬遇順平循分供職所能盡者不過臣子之常而閨門以內孝謹和樂宜若無所紀述矣然苟能盡其常斯即天下之至行聖人無以易之必艱苦絕特而後傳是乎世無忠臣而吉祥之門無孝子與賢婦也豈庸德之謂哉

嗟乎此余所以銘陳母龍恭人之墓也按狀恭人湘鄉縣靈光里人自少失母執喪甚哀迨後母至視前子女少恩恭人能率弟妹曲事之務不逆其意久之

後母亦化焉年十八歸同縣陳君逮事其姑陳君於兄弟班第六最少恭人至亦最後婉孌諸婦中若弟之隨兄不敢以賢智自見然其姑愛之曰六婦孝我諸婦亦愛之曰六姒敬我內外子姪千餘指親疏遠近識與不識至稱恭人之賢翕然疑出一口夫婦如鼓瑟終身和而敬卒年若干歲子三砥瀾柱瀾瑞瀾蓋恭人之可紀述如此此所謂庸德也然非柔順之積於中與視聽言動之謹於外則夫意慮之間彼此常若有隔有猝然不能自達其誠者庸德之難無異艱苦絕特之行也臣子躬遇順平所以致其忠孝有

盡有不盡者恭人卒達其誠而著其效其於婦道可謂能盡焉矣恭人旣卒之三十年砥瀾始請余銘納諸墓中恭人初　封安人　晉贈宜人恭人砥瀾陝西補用知縣桂瀾員外郎銜國子監主簿瑞瀾湖北補用知縣銘曰

庸德不明世稱奇行衷之聖人唯盡其性婉婉恭人致此烝嘉孝毋與姑薰和夫家不幸之遭曰節曰烈幸如恭人其道則一某鄉某原恭人之藏厥德勿泯後嗣其昌

## 謝氏墓誌銘

謝氏甘肅燉煌縣民家女光緒五年廣東陸路提督錢唐張公以節鎮阿克蘇年四十七無子買謝氏爲妾七年移節喀什噶爾隨之行數震不舉十年七月詔趣張公赴　闕遂率所部而東謝氏復震留之阿克蘇十二月某日舉一男子子旋病明年正月謝氏卒於阿克蘇張公以其有子也迎其柩歸河南葬之禮也先是同治之季縣遭回亂仍歲大饑民相枕藉死張公駐軍玉門縣出私錢爲食振之勸民勿鬻男女委曲相保全禁外人之赴縣鬻男女者及歲熟存活甚衆至是無子而有子生子之妾又燉煌人也

施報之相應如是其不偶然可以觀天道矣謝氏又靜婉寡言凡食之惡者服之敝者皆安之儉素別於他妾張公東行軍中用不給復出私蓄助之於德性宜有子其不及見子之成始免而遂死又死於中路命也年若干歲烏程施補華子之銘以慰張公銘曰

是謂燉煌謝妾之藏生子而死有功於張噫嘻

## 姜孺人墓誌銘

孺人姓姜氏諱元保字某蘇州人太子少保兵部尚書諱晟之女孫也父諱某嫁湖州汪氏爲江西候補府經歷諱曰權之繼妻汪氏大富數世至曰權之父

某闇弱不任家事家之司錢貨者與門下諸客奴傭
媪婢相倚爲奸侵牟其財一歲錢貨出入多寡嬴絀
主人不悉其數問之司錢貨者則取注記視之曰有
亡失若應得然又習於華靡家雖漸落服食器用酬
應賞賚特有故事不能少減如是數年遂至大困降
爲下戶孺人初嫁猶及其盛以至於極衰曰權闇弱
如其父又失愛於母而取憎於弟夫婦居室母弟日
厭薄之乃走湖北依其戚其戚爲納貲得府經歷職
籤分江西遂終身不歸孺人生六女無子母家姜氏
亦門戶日替無可歸託賣畫自給嫁其五女咸豐十

一年五月以疾卒於城西吳家步之墓廬年四十五遂葬於廬之側其第四女華之妻也華始爲諸生貧不及朝夕孺人見華詩愛焉以女予之曰愈於富家兒也又二十八年始爲之銘令外甥彥詒持歸埋之光緒十三年三月也銘曰

生而貴嫁而富性安貞宜福壽死於困貧命之眚夫如浮雲去無歸女如繁星不可稀四星淪沒一星輝分光照之母無知刻其墓者女壻施墓夷石泐存此詞

## 蔣母墓誌銘

錢唐公以節鎮喀什噶爾同治生仁和蔣君其章及
余實從光緒九年三月蔣君之母氏卒於肅州四月
訃至蔣君出次外舍斬衰旦夕哭如禮用浮屠七七
之說至五月出拜錢唐公自喀什噶爾馳還肅州歸
其柩於杭祔葬教諭府君之墓位次繼母朱安人府
君遺命也瀕行以狀乞銘銘曰
母出未微尹氏其冑生十八年助蔣之遭維時府君
隱居教授繼室于朱羸弱嗟遘縫紉舂汲酒觴肉豆
母任其勤於昏於晝大婦賴之動引自副室有笑言
庭無怒訴大婦君舅八十之壽夜苦無眠欵衾數漏

飢腸宛轉暫飽忽又呼燭母持索食母奏君舅曰吁勞此卑幼熊祥虵祥十夢九謬伯兄多男挈仲以後旋舉兩雄伯嫂所懤避人置毒薰以取覷其次中之倉卒勿救母驚母泣母忍不究母慰府君復用詞覆長者漸長書分句讀夜窗勸學果餌爲侑經踐其畬藝游其囿父執評文儒臣舉秀喜語哀情吉徵凶繇痛乎大喪闖然狂寇送死穿塋逃生抶竄流離他鄉船租屋僦飢寒震怖澄淸重覯十年持家子再婚媾鄉貢　廷試成名亦驟出宰戎縣近養遠就豐謝今華儉安昔陋僕媪懷仁有視無兇官曰父母民過

宜宥孰咎其股孰枷其脰吽號有闕廢食若疚非罪
斥官下考曲搆毋曰命然與讒邂逅辟書爲佐文字
是售衰親壯兒別淚盈袖尺勳寸功還職之舊胡神
夷鬼寔憐寔佑甯知春暉奄忽沇岫出也倚門歸也
哭柩發隴還吳百集千㶇佳城峩峩松楸鬱茂祔於
府君會葬奔湊亦曰繼室勞以名酺府君遺命存餴
殁受文紀初終片石鐫鏤藏之幽宫與骨不朽千載
讀文莓苔如繡

孫宜生墓志銘

君諱澐字宜生山陰人幼孤母抱之渡江依其舅周

某於揚州周與儀徵之阮有連道光季年文達公歸老於家故君得屢謁之年少耳作詩有意致文達公喜爲點定曰汝爲我弟子然偏宕無行檢不竟於學通游俠好聲色旣而母卒妻子相繼死咸豐三年賊破揚州周某亦覆其家乃隻身走山東河南干諸戎帥居未久皆以偏宕見絕晩入錢唐張公軍中爲游客亦以偏宕不能愼密無敢任以事叉戇言無委曲不肯隨人指將校皆厭之同列則笑以目然錢唐公遇君厚師自河南越山西平甘肅甯夏之回出嘉峪關至哈密城破安集延五千里至阿克蘇七十里至

喀什噶爾君皆以游客從間知祼事或充寫官人有短君者公曰此人當度外容之事平予之千金令養疾於西安曰君無家關中猶浙中也蓋君言行雖與時戾忠實無他腸愈於巽愼容默假飾以爲奸利者也君亦師事余嘗乞余爲生傳未許也光緒十三年某月卒於西安年五十七鄉人聞昌壽以書來告且言君臨歿時願葬杭州之西湖復之曰如其志並爲此文使刻石焉納諸墓中銘曰

眞而不能僞動爲瑕累吾子之銘表汝於形骸之外

## 楊璞山墓志銘

君諱維崑字璞山烏程諸生年二十九咸豐乙卯十一月卒於家無子有妻與女死於同治壬戌之難君年始少壯澹然無嗜欲凡窮通失得憂樂不入於其心工爲文而恥應舉其視人世若暫寓於其閒及病友人周思誠施補華省之君問思誠曰吾死何往思誠曰君自何來曰然則往天台矣吾故天台僧也將卒端坐於牀上妻女環哭漠然而已補華入撫其尸而許以銘後三十四年光緒己丑七月遂爲此文寄其姪孫某刻而納諸墓君曾祖某祖某考某銘曰

儒其外而僧其中天與性空一形生滅是爲去來而

非姑終

## 周氏姑葬誌

吾祖生六子一女女卽姑生最後半歲而孤吾祖母日貧如此女長成何以嫁不如棄去鄰之嫗留之然祖母中年乳少則以粥糜哺之曰生死由汝六子壯少參差若林木皆知愛憐幼妹姑生六七歲婉孌靜好亦能取愛諸兄諸兄或語不合坐相訾謷姑拉一人出曰去休爭何事不肯則對之啜泣往往罷爭曰妹胡女而不男祖母旋喪目朝夕起臥著衣噉飯行堂室就厠溷皆吾父與姑侍之兄妹相番代數年如

一日十七嫁同邑周溶溶已三十四年長一倍卜曰當爲白首夫婦事姑孝謹貧甚晝夜操作佐溶衣食生子曰誠提抱中教以禮法誠長孝友忠信以布衣紹姚江之學世稱一庵先生凡與誠友者皆請登堂拜姑曰幸識賢母故姑夫婦雖老而貧意願適然姑視余如子余視姑如母同治壬戌粵賊破湖州溶病在床驚死誠與子驤爲賊掠去誠之友麗某者迎姑至雙林養之余聞往省姑已病執余手泣曰汝兒不歸吾如何矣未幾卒年六十五渴葬於闞山亂定余爲遷葬於金蓋山之麓去吾祖父母墳墓不過十數

里魂魄足依也誠卒不歸或傳僊去云是爲誌

誥封朝議大夫候選訓導左君墓誌銘 代左侯

君諱世望字叔豫又字仰山湖南長沙縣人君與余家同自江西遷湖南而世次不可復考君又與余同歲生少受業於先公之門與余同硯席數年余以先公幼子特愛日誦所授書畢或跳踉嬉戲君則端坐默識目不左右顧嘗以作書劣先公督責之君操紙翰日夕學至手腕欲脫涕泣不自休其爲學勤奮類如此長爲諸生文學斐然而屢躓於省試以廩膳生歲滿貢成均候選訓導子壽棠貴　誥封朝議大

夫事親孝謹居喪以毀聞待兄弟戚族咸有恩義晚從諸老先爲善於鄉里鄉里敬之子五人壽桐國子監生壽棠舉人甘肅鎮原縣知縣壽梓壽杞壽禮均業儒壽棠攝鎮原縣事君貽書勗以廉惠及後補授鎮原君復貽書曰吾授徒山中足以自給無賴於汝汝到官毋以貪黷辱父母光緒二年十一月某日卒於家年六十五噫余自中歲遭値世故馳驅王事十六七年衰老臨邊勞不得息方歎君優游鄉里頤性養壽孰知君先吾而卒耶君卒而先公弟子存者益稀矣明年正月壽棠來乞銘余憶與君同硯席如昨

日事也而行誼又足以傳遂爲之銘銘曰

先公之門才濟濟嗟我與君生同歲晨孜夕矻事文藝五十餘年風電逝布衣韋帶樂君志管兵萬里我勞瘁嗚呼幽室君先閉誌君行實徒悲泗

## 誥封朝議大夫湖南安化縣訓導梅君墓誌銘 代左侯

光緒二年十月余討新疆之戎駐師肅州故人梅君之子堺以書來請曰吾父之歿逾十年貧不克葬以至於今吾父亟歿時目堺而言曰我生無求於左公而託以死庶幾與我以不朽乎今葬有日矣幸哀其意而賜之銘按君諱藎南字仲函湖南武陵縣人所

居曰翦坡又因以自號中嘉慶丙子舉人道光乙未謁選得安化縣學訓導者十八年以疾乞休又十四年而卒卒年七十有五君爲訓導勤於其職安化人稱之居家孝友待戚鄰有恩誼與人融融樂易而有不可奪之操方居京師時貴人延致之君遜謝勿往徧交當世賢傑未嘗假一聲援其教子弟爲文口講手畫必以法度尤深砭世俗浮誇之習故凡出其門者莫不愿謹而文及爲訓導亦然著有養素齋詩文集八十四卷書法尤善鄉人貴之余小時於湘中老先咸從捧手其相與如兄弟者或長余至二十餘歲

或十餘歲唯余最少而文章行誼相磨切議論相上下歷數交游中君固其一也忽忽數十年最少如余已六十五歲矣向之相與如兄弟者喪亡略盡君號考壽其歿已逾十年日月之不居善人君子之難得易喪自古而然獨予皓首臨邊心長日短追念小時游從之樂渺然如異世也不尤可悲慨與然則微君垂歿之託余忍忘君矧夫文章行誼有可傳述如是耶君官終於訓導　敕授修職郎以子毓翰貴
誥封奉政大夫　晉封朝議大夫初娶張氏繼娶
譚氏皆　封恭人男子子五毓翰運同銜直隸州

用江西樂平縣知縣壖郡廩生候選訓導埰同治甲子補行咸豐辛酉舉人堧邑廩生塄太學生候選布政使經歷女子子五俱適士族以今年月日葬君於故里之西原銘曰

脩德於身行善於鄉庠序有教懷思不忘士不得志於天下而所施已長宜乎安樂壽考而後迺賢達以爲家門之祥慰君彌留之屬十年而銘其藏

## 戴子高墓表

同治十二年二月國子監典籍銜候選訓導戴君卒於江甯書局其年七月海甯人唐某以其柩歸湖州

十月歸安丁兆慶烏程施補華卜葬君於仁皇山之
東麓去其先塋一里而近既葬補華表其墓曰君諱
望字子高先世德清名族至君之曾祖諱某始遷郡
中君祖銅士先生諱銘金以詩詞名嘉道間有三子
皆俊才而伯叔早殞仲氏諱福謙字琴莊中道光丁
酉舉人君之考也君生四歲其考復歿於京師當是
時君曾祖八十餘祖五十餘皆在母及諸母皆寡三
世煢煢抱一孺子而泣而君始六七歲讀書日數十
行兩祖遞教之未幾相繼卒家貧歲饑益無依賴於
是君挾册悲誦寡母節衣縮食資君以學時時空無

相對啜泣然君雖孤貧荏弱端緒則見同郡程君可大樸學至行君奉爲師而友姚諶俞剛睦心源丁兆慶及余晨夕淬厲不懈益勤十數年中君之學凡三變始爲詩古文詞已而研求性理最後至蘇州謁陳先生奐遂專力於考据訓詁學未大成而庚申之亂作亂之初作也君奉寡母避之城南東林山久而饑困無所得食其至戚方官閩中寡母命君依之明年遂至閩中　今上之元年君自閩中歸思迎其母而湖州已覆君聞仰天長號僵仆數四改裝入賊中傍徨求其母暮行晝伏神咨鬼諏卒無所遇三年官

軍復湖州歸省先塋招魂葬母旋充江甯書局分校
至痛在心未壯而艾時時書來述其病苦然君於顛
頓狼狽呻吟哭泣之時獨不廢學學能進而益上由
考據訓詁之精以通古人微言大義斐然有述作之
志爲戴氏論語注若干卷輯習齋顏氏學記若干卷
校正管子若干卷又爲尚書述未成而病亟矣蓋君
自至江甯數病病稍閒卽著書復作乃止如是六七
年至於不可爲以卒娶淩氏無子以族子後之嗚呼
噫嘻君自始生以至旣卒三十七年之中無一日不
可哀傷惻怛者造物者之於君可謂酷矣豈所謂命

也耶而學術成就如此卓卓又似不偶然者豈有此有所予必於彼有所奪耶然前世學人福澤壽考時有兼得之者又豈君適丁是艱耶三世煢煢望於君者何如而君則既歿矣君之學術山陰趙之謙錄入續漢學師承記所著詩文亦爲刊刻今不詳叙叙其區區僅有之者致窮於天如此與天下學人共惜之

澤雅堂文集卷七

烏程施補華均甫著

劉平國碑跋

此碑在今阿克蘇所屬賽里木東北二百里山上五年夏有軍人過其地見石壁露殘字漫漶不可識或以告余疑爲漢刻秋八月余請於節師張公命總兵王得魁知縣張廷楫具氈椎裹糧往拓之得點畫完具者九十餘字按文稱永壽四年八月永壽爲後漢桓帝年號後漢書桓帝紀凡年號六建和和平永興永壽延熹永康其稱永壽凡三年四年六月戊寅大

赦天下改元延熹漢書龜茲國去長安七千四百八十里後漢都雒陽視長安較遠其時當未奉改元之詔故稱永壽四年耳云龜茲左將軍劉平國有左右將左右都尉左右騎君左右力輔左將軍即左將其下尊稱之非官號也云東烏累關城漢書烏累城都護治所在龜茲東三百五十里按溫宿今阿克蘇姑墨今賽里木拜城龜茲今庫車賽里木至庫車百餘里今至刻石處二百里已越龜茲而東距烏累城不遠矣云京兆長安淳於某作此誦後漢雖都雒陽長安乃其舊都故仍稱京兆關外漢碑如燉煌太守裴

岑沙南侯獲碑先後見於海內金石之錄茲碑至今始出豈非文字之顯晦固有其時與裴岑侯獲劉平國均於史傳無攷而三碑略見事蹟吾意西域三十六國兩漢都校尉之所到必有紀功述事之作刻之荒崖邃谷雨淋日炙更千餘年而光氣不可磨滅者庶幾得盡拓以歸以補班范兩史之缺乎光緒八年十月

題歸安張氏所藏書册跋

歸安張耐軒宮詹官京師時多得翰林諸公之書其孫承祖以先人之所遺也裝爲五册攜以宦游光緒

丁亥之冬見余於濟南索題其上按册中人物侯官林文忠蓋節偉略係中外之望者數十年壽陽濱州常熟三文端碩德重望輔翼　先朝姚伯昂顧南雅郭蘭若徐星伯諸先生雖祿位不齊各有文采見於今世然當是時咸居館閣習章程之書與世所謂翰林者無以異也蓋嘗思之翰林爲天子儲才之地與是選者宜乎博識遠覽淹貫古今習本朝之掌故究天下之政事自理財治兵諸大端國家所以安危强弱者以及一切之事與變通之計補救之方與日起爲公卿大臣任封疆爲將帥凡其敷奏設施皆講求

於至熟度時勢之所能行者以其餘力雍容揄揚施於文章之美而又稽經諏史根柢學問不溺於浮華之詞蓋與成均造士之意相表裏矣近世翰林唯求應制之詩賦與夫楷法之工其於根柢學問以爲文章者猶有所未逮失其本指甚矣而才臣賢輔文學之彥亦往往出於其閒何也翰林所以造士久或失其本指士入翰林所以自造其才與德志趣不同成就因之而異也而區區詩賦楷法由其所自造者並營而兼治之趣時合度亦能務及其工耳然世之人才固有長於此而短於彼求其工而不得者與盡其

氣力專工於此不可試之他事者此予觀文忠諸公之書慨然於翰林儲才之本指焉

## 南疆分界圖跋

右總理衙門所寄南疆地圖紅綫以內為中國界以外為俄國界按紅綫以外喀喇庫爾為伊犁赴烏什之正路納林橋阿哈沙依為赴喀什噶爾之捷徑皆中國地也向來伊犁官兵至喀什噶爾換防或走納林橋阿哈沙依或走喀喇庫爾緣烏什西南進喀什噶爾所屬之大阿圖什阿哈沙依水草數百里游牧最便喀喇庫爾產糧甚多伊犁河南岸之糧皆聚於

此喀喇庫爾屬俄則由伊犁赴烏什必繞冰達坂之險納林橋阿哈沙依屬俄則由伊犁赴喀什噶爾非繞冰達坂必經烏魯木齊西南行道路遼遠不啻五倍且由喀喇庫爾馬行一日即至特克斯川特克斯川西望即見冰達坂喀喇庫爾設防則伊犁至冰達坂之路亦必阻塞南北兩疆設有緩急呼吸何以相通彼此何以相救此舊有之地雖在紅綫以外亟宜收回者也喀什噶爾所屬恰哈瑪克之蘇額克山烏魯克恰提卡外之廓克蘇圖木倫中國得之安夷非得之俄人形勢所關且便游牧此新有之地雖在紅

綫以外亟宜致辨者也此次畫界南北兩疆求久遠
自立之計咽喉之地不可有物阻隔肘腋之間不可
有人窺伺自應以納林河以西爲俄國界以東爲中
國界葱嶺以西爲俄國界以東爲中國界更爲綠綫
別之以待會議

題樊榭老人自書詩册

余少時往來湖州城南登奚高士榆蔭樓觀樊榭老
人畫像高士年已八十鬚眉皓然而善談論呼余爲
小友盡拓南窗拉余憑檻望道場金蓋諸山峰巒紫
翠如可攬取孤塔亭亭立天表而樓下碧浪湖烟波

無際風帆沙鳥歷歷在夕陽疏樹間高士告余曰此卽鮑氏谿樓老人納妾月上於此所爲繪像以祀之也因出老人自寫禊詩及金壽門丁龍泓吳西林諸老手迹觀之高士旋歿至同治中樓已燬於兵火諸老手迹已煙消灰燼蕩焉無存而上元宗公來守湖州聞其客無錫沈君攜有老人自寫禊詩余索閱之憶坐榆蔭樓中觀老人此册也自後兩走京師踰秦度隴從事於金城酒郡者五年出嘉峪關西行萬里抵漢時疏勒夷國爲從事者六年凡十一年復至京師陸生學源出此册求題云購自賈人之手余再閱

之憶坐太守齋中觀老人此册也忽忽十五年沈君存歿不可知余亦頹乎其旣老矣獨此册南北流轉得於十五年中一再遇之非數有偶然者歟册中諸作刻入樊榭集者爲多陸生特以老人手寫而重之余別有感者異日東歸城南山水間不復有奚沈其人使余漠然無所向也

題登高圖

重九佳節也登高勝會也飲酒樂事也親舊在異方者幸此一日之聚焉然七人之中唯湲子官於山東自餘六人皆客也夫客者西東北南靡定耳則此一

日之聚亦不能歲以爲常且七八者年各不同自今之重九人自數其齒以至於盡凡得重九若干日重九而游者若干日游於某邱某水與之游者某人皆不可知唯此一日之聚爲現在焉慨其難常幸其現在此其作圖之意乎雖然莊生有言夫迹履之所出而迹豈履哉彼一日之聚忽然以逝者亦豈圖之所能存蓋人必有其不亡者而後凡所作爲依之以存焉古人一日之聚傳於今者多矣謂迹不足存而存焉者何也七八者錢唐趙曈仁和蔣其章烏程施補華朱毓廣歸安凌紱曾山陰湯震上元臧大勳圖者

嚏記者補華已丑九月

書蘇明允權書論孫武後

蘇明允論孫武十三篇謂詞約而意盡天下之兵說皆歸其中而於伐楚之役數其三失即用十三篇語折之九地曰威加於敵則交不得合武使秦得聽包胥之言出兵救楚不威之甚其失一作戰曰久暴師則鈍兵挫銳屈力殫貨諸侯乘其弊武以九年冬伐楚至十年秋始還可謂久暴師矣越人能無入國乎其失二又曰殺敵者怒也武縱子胥伯嚭鞭平王尸復一夫之私忿以激怒敵致子西子期以必死讐吳

其失三以此詰武武似無辭雖然伐楚之役闔閭身在兵間介弟如夫概王親信之臣如伯嚭子胥皆與計謀歷行陳武不過將其一軍爲之先導耳不以伐楚之權寄之武也所蹈三失武所著書旣能言之未有目覩躬親而不執此以諫者當時未紀其詞必闔閭未之聽耳權不在武而以矛刺盾謂武書言之不讐何足服武之心乎吳起李牧爲將功多安知非權重於武士不並生其時親見其事欲以定古人之短長吾知其無當矣自來雄長吾知其無當矣自來雄駿之士著書言事識見議論嘗有以窮此事之得失及出爲人用委蛇功名之

會而不獲與其權雖得賢主而事之計其成就之數與其他日識見議論卒不酬十之四五焉才之不盡權之不足故也士方以此自憾後之君子宜深諒而甚惜之以表著書者之不幸豈可不審當事之情勢遽責其言哉知兵如武論古之識如明允而猶所言如是此余竊爲天下後世著書者歎也

書王觀察所藏曾文正公手卷

新疆平定之次年五月今安肅兵備道王公出咸豐庚申辛酉間曾文正公所寄手書十通命華觀之且記其後蓋當是時東南四五省髮賊縱橫河決魚爛

視秦隴以西如天上也文正方自江右移節皖南因與江右官吏議論軍事書問稠疊王公其一人也書中議設重鎮於甯國東庇浙江北規吳會近復東壩蕪湖與長江水師聯結一氣天下之至計也計未及施而甯國徽州以次淪陷文正宿師祁門僅與抵拒今相侯左公及諸軍轉戰皖豫師比有功然而燎原之燄未滅也迨諸軍復安慶賊勢少衰矣而浙江傾覆亦在其年西夷猖獗　皇輿震驚非常之變紛至沓來如乘舟不測之淵濤風壯猛千搖萬兀不審何時離於岑岸十通之書歷歷昨日事也其後數年

左公平浙江李公平吳會文正之季弟沅公奮戰而復江甯餘賊走閩走粵左公督師滅之東南稍稍安定矣而捻賊益橫回亂大作左李兩軍攻回攻捻捻亦滅矣而回氛甚惡於時文正已衰老不任西事矣獨左公期以五年平之然由秦而隴西至嘉峪關渠賊號元帥號總戎者不啻數十燒城破邑殺人如莽客軍徵赴秦隴不諳地勢又軍無見糧士不宿飽十戰九挫往往自潰舍戰而撫則旋撫旋叛羣回相語謂之連和蓋狂猘極矣而新疆之回復應之其聲勢相倚羽翼相掎東北抵盛京南逼滇中西結安集延

安夷遂入踞南八城反客爲主以役新疆之回而拒
官軍勢張於髮匪禍烈於捻賊左公艱難籌措視文
正之圖皖有加甚者而秦隴之平卒如所語又五年
挈新疆二萬里之地還隸職方滇事亦同時大定嗚
呼噫嘻自古迄今亂民之毒天下未有若咸同之際
者也然而張角起而漢亡黃巢起而唐亡張獻忠李
自成起而明亡咸同之際寇若蝟毛文正況瘁軍事
憂心如焚因而發之書問甯意十數年後盜賊平而
干戈息萬里一家狗吠無警有如今日者耶而天下
卒易危而安反亂爲治豈唯二三大臣撻伐用彰之

效哉　列祖列宗深仁厚澤融結於人心是以流離死亡爲國用命天眷回而寇患熄也國於天地必有與立兵事之終始王公其見之夫因今日之甯息以念疇昔之顛眴又無忘在莒意也遂記其後質之

王公

## 書左侯墨蹟後

蘭州陝甘總督署後園高阜有亭如槎湘陰相國題曰一繫居隴上思湘中也其後大軍平新疆相國移節肅州拓酒泉以爲湖於湖之上又槎其亭題亦如之且爲古詩一篇紀事猶前志也余居相國幕府五

年後園之亭游之屢矣湖上亭成則在余出塞以後至今未獲一游嗟夫士大夫少處田野志願慨然思任天下之事豈樂於山林終老耶及出爲天下用幸而功成名遂祿厚官榮可云得志矣而其心困於簿書勞於應接神煩慮亂其中焦然思向者優游田野若仙之人也一日登高明之隅遇閒適之趣洒然而清穆然而遠蕭然而靜窔然而深則心之所受如暍就美蔭而倦得甘寢也莊生有言大川邱陵之娛人也抑神者不勝豈不然乎豈不然乎古之人所以采眞而葆光也相國知之矣相國所書墨蹟甯鄉錢君

得之甲申四月於役喀什噶爾出以示余余又疲茶於簿書應接十數年無所成就者也心知其意爲題卷尾異日錢君還湖湘謁相國可出余言證之錢君名棨字次郇

## 書姚子展遺文後

此吾故友姚君子展之文也子展於學無所不窺而尤喜爲文爲之亦特工每一篇出壓其曹偶故與子展友者於子展之文多能背誦而余所記加夥蓋見吾子展伸紙把筆以成此文十嘗六七也而子展自湖州之覆盡室蒙禍其視一身瞬息人世不復顧惜

至其文章零落澌滅益不暇討於是遂無專集之存及子展既歿四年淩君子與謀刻其文因與子展爲友者記憶掇拾都爲一編子展之文豈止於是哉以子展之文之工而遇之慘至於憤鬱以死宜乎文章之光焜耀身後而亦零落澌滅僅而獲此傳不傳未可知嗚呼吾疑天道矣又九年余從相國左公西討逆回軍次酒泉而子與揚州書至以是刻坿焉子與之爲死友可謂勤矣然吾觀子展之文思與吾子展坐乎堂戶之間飲酒論文往復推議窮極而不厭蓋昨日事也烏知其已死哉至集中名氏如王定伯戴

子高俞劭叔凌子與又皆一時文學之傑與吾子展朝夕游處者蓋是時東南雖亂湖州數郡未被兵革老師宿儒猶有存者藏書之家以十數子展與此數人得藉師友典籍之力殫精於學而畢力於文今忽忽二十年矣東南盜賊雖已滅亡而天下禍亂未知終極追憶曩游子展歿十三年定伯歿十二年子高之歿抑又四年士於文章著述抑其次矣而已中道摧傷不竟其緒如是其幸而不死如子與劭叔又皆貧甚客游四方以求衣食余則頭白面黎馳驅絕域心力絀而學殖荒無所成就嗟夫亡者亦已矣而文

章著述猶有可觀今其存者所至當復何如耶嗚呼可覩也已

## 院署賓座銘

潭潭臺府出政之區廣思宏益同德以須日出而會乘馬從徒危冠盛服坦坦于于爰有賓座於堂之隅就位假息職思其居裘以領而網以綱邦之亂理視圖議乎否臧下吏牧民如受牛羊得人而肥失人而厄民有蝥賊有梟有狠孰殄厥種耙土字甿孰究未反孰眚未穰在山在澤曰雨曰暘地力瘠沃歲物凶穰人而圖議諸倚才良政脩事舉天下福祥反是不

思賄以行政抑廉揚貪醜直好佞諱盜隱奸掩覆不竟弱肉強食寒饑憊病堂高於天叫號莫聽借曰未知纖微畢鏡出官入私鬼居方寸孽踞以爲恭囁嚅以爲敬斂聚以將迎彌縫以適順刻覈見才堊飾成性入而圖議色餂意偵上蔽下殘匪邦之慶抑或不然心黠貌癡用官爲戲竿木常隨潔汙齊量仁暴同歸含納羣品口無等差故事是案猾吏是師何思何慮飽食而嬉疇能舉似酒器滑稽渾沌隨轉曾不淋漓藪疉澤患里怨戸悲養癰勿恤其決有時禍不逮我甯計來茲引年保祿柔弱福基於下不樹憾於上

不招眚入而圖議兩可依違以智自混邦何賴之其則不遠請喻斯室唯棟之隆繄柱之直柱之曲橈棟以欹側柱之腐弱棟以杌隉大雷以風棟既摧而柱亦絕吏治民隱邦本所切運之一心甯免失得罔復獲中衆扶之力敬爲茲銘以告同德

# 澤雅堂文集卷八

烏程施補華均甫著

## 祭馮竹儒觀察文

嗚呼橫目二足衆萬泯棼忽焉以殁如滅一塵唯忠唯孝死於勞瘁街卒巷童聞名涕洟而況舊契以及新交遙遙萬里東望歸輀執手幾時陰山之下誰謂笑言易以嗟詑嗚呼噫嘻君之先人得禍最奇荷戈慷慨烏孫是羈君始出塞號咷遠送惘然東歸山哀澗痛君再出塞干戈之旁天荆地棘莫歸父喪羣盜如毛投筆而起前胡後魯期以國士炎炎宦途外炭

丙冰三命是戀九原所憎六合之中有國無父吾將往遊覗顏簪組如其無此披髮叫天萬死不恤咄哉一官剡我西師椎冰鑿雪熊羆據林狐兔亡穴茫茫絕域昔塞今通皸手繭足沙礫之叢天招麻利以游墳墓羈鬼羣呼如弔如賀嗃嗃旟旐玉門之關父以兒歸兒以父還君始入關慘無人色破涕與言孤栝之側推父之仁願救秦饑孝子有粟瘠食而肥推父之忠夷禍是戢謀富謀強活我邦國君返自秦作諧逵貽　天子有詔其朝京師嗟嗟親骸將歸未葬婉轉陳情　天子所諒嗚呼噫嘻君書在案紙墨

猶新謂君已死疑誤非眞海上人來其言㠯實長逝之期某月某日致死有疾其源可尋萬噞慄膽百哀摧心嗚呼噫嘻摧君孝思死亦不惡骨肉團圞地下之樂況此奇孝形去名存宇宙未合中有此人忘情未能激爲酸慟再見何由迷離宵夢魂兮來止酒泉泠泠一尊相薦鑒此精誠尚饗

祭姚春蘧文

嗚呼憂君不起垂絶而瘳喜君再生無疾而休言笑未終忽焉號泣夢耶眞耶變興倉猝萬里以外羣生芸芸孰不可死而死及君張軍桓桓君爲司馬一十

七年鋒鏑之下歌詩譚藝彬彬者儒揮兵而鬭熊虎不如豫楚燕齊遠之西極崑崙之陽游魂是弋其才則雋其年則强天乎生此忍自摧傷驚風疾雷潛虬起舞風止雷喑不爲霖雨我來塞上君奮病中酒泉短別三歲幸逢邪人耽耽中我奇禍君憤君悲君辨於我背夏涉秋爰歷冬春十日五見心逾跡親君嘗謂我毋自憂鬱天將大伸爲是小屈君嘗謂我氣厚貌莊相士千百殆不能雙凡君期我過我自許憔悴無聊悅此好語我閉我目猶見君形我側我耳猶聞君聲形聲宛然嗟君已死上有衰親下有弱子張公

女弟實君之妻九原賴公公爲涕洟況茲醜夷據我疆土公方治兵威之以武謂助公力謂贊公謀嗚呼逝矣本志曷酬握兵之將役夫走卒驟聞君喪同焉淚出我淚反竭哀在心神魂兮歸來聽此告文尙饗

## 祭勞季言文

昔歲癸亥識君弟昆於時避寇雙林之村空齋夜飲仲氏是親莊言雅謔娓娓聽忘晨君時參座忽若無人避羣趨獨淵淵乎其存青春徂謝仲氏遠出君亦病肺單棲土室手展一編卧就檐日細字牛毛僅叨來筆憂端病緒背秋涉冬豺虎肉人磨牙市中男女相踏

足亂西東君驚出走要予與同追程具區北風蕭瑟層冰巖巖矗若山立孤舟盲進櫓緩心急舟人指墮一全百失窮號神明婦啼兒匿僅而得渡今夢猶慄賃居同里飄忽春華宿疾在體又茁其芽仲氏來視背語吁嗟醫方卜術日望其差移書質難破壘横斜歌吟息案號哭來家昔鬭賢逝丁歲龍蛇今非其時應者非耶君著家藏行誼友志計予交君周而及歲中間情欵念足悲涕文言攄哀冀通長閉魂乎歸休庶鑒予祭嗚呼哀哉尙饗

## 祭戴子高文

嗚呼衆萬之苗二氣鼓之孰福孰禍視氣盛衰盛耶
跖豫衰耶孔羈適然遭值報不循施伊古如此君又
尤誰人生夢幻歿其覺時夢幻憂怖匪覺所悲高山
深林大江之湄天風浩浩月出雲飛魂兮怡悅孤遊
忘歸何遇之戚何是何非凡君述作掇拾無遺瘞骨
弁陽丁施所治施紀行實趙書之碑名久形暫萬喙
嗟咨上壽百歲行賤名卑其存與歿短於嬰兒君何
憾矣一瞑百揮魂兮神靈聽此告詞尚饗

祭鈕右庭文

嗟嗟良友異葉同柯哀颷振厲零墜斯多零墜既多

遂及吾子才命相讎不敵而死子性孤峻厥中不寬
與俗齟齬召疾有端加之喪亂耦息兩隕耿耿寒宵
以形語影奇詞奥義一孔所憎再登再躓名姓不升
吁猬者流齮齕若此理與死鄰上藥勿起命耶天耶
忍一捐耶賢夭愚壽自昔然耶討始相知歷年二十
愈和愈爭仁遇義執今子往矣予過疇治攢心刺耳
痛言不至子少耽易拜虞揖荀管撻輔嗣曰討不根
號爲專家儔類使獨醰醰潘生　儀父下心歎服天靳
窮愁與子著書沒世之稱短折以虛語焉勿聞撫棺
悲慟遊神冥冥倘知予痛志子行誼生卒年月甯質

勿誤納之幽室千秋萬歲視予此辭嗚呼噫嘻將以
慰之尚饗

祭黃西村文

嗚呼新疆之役君佐元帥右算左籌軍貲是計彭彭
出車財殫粟匱盈虛能權飽騰卒賴出納之籍絲棼
難治經緯以心細入無內走也參軍與君同位媲君
精密倍蓰不啻言論如風朋酒之會遇君穆然忽與
僧對君言早衰一進百退馳夢先廬縛身窮塞振旅
闐闐東歸斯遂東歸未期疾病亙憊庸醫雜藥促死
可謂漢將如飛揚威域外刼灰連天埽除以彗捷書

電發驚喜起拜僵仆隨之嗟哉危殆驅車倉皇視君
垂斃執手欷歔無言有淚無言之言卽象求意百痛
攪腸何詞撫慰烈烈小妻一死相繼哀情激天貞魂
入地柔姿弱質凜然名義報君九泉笑而不溺蠻獠
作長擇惡而刈晚刺秦州宿恩寄惠至今部民東畏
西愛垂白從戎身亡功在妾殉童唲其獲有自修短
非命百年終逝上壽無聞一蟻在世銘旌旣書僕夫
旣戒翩翩旟旐載以雙棹越隴踰秦何虞阻險羈魂
歸來江山如畫胡纓短衣各絆戎事千秋之別舉觴
掩袂夏雪晨淒春飈夕厲帷幄他時憶君情語尙饗

祭旂文代左侯

年月日具官左以羊一豕一虔告於　旂纛大神之靈曰回爲不道擾我新疆人面而獸叫號跳踉稽誅十稔日星晦盲　天子命我殺伐用張戈矛如林有芻有糧爰整師旅月吉辰良千丈呼舞萬騎騰驤幢麾所指荼火輝煌崢嶸陰山瀚海茫茫蛟龍蜿蜒從風飛揚游魂幻氣敢抗顏行朝烹雄狐夕醢封狼懸首於旂以懾兇狂脅從什七賊驅如羊若奔厥角稽首乞降坐於旂下吁嗟哀傷晝爲郡縣墾土字甿內戢同俗外重夷防河源萬里其流湯湯洗濯兵甲

包之以藏悠悠旆旌歸覲我　皇鐃吹競發軍歌慨慷烈烈大神三軍之望敢告所志永靖邊方尚饗

祭雹神文代左侯

年月日具官某謹致祭於

雹神之靈曰噫嘻二氣摩盪迭出爲功蒸爲雨雲激爲雷風爲霜爲雪斂居大冬應節平施民和物豐雹何爲者頻作害凶寒嚴絕壑堅冰不融陰陽怒搏磊落飛空損我禾黍偃畝西東破壞廬舍民遭擊攻天災物怪戾氣所鍾祈於大神精誠上通吏罪宜罰民

可哀恫哉威霽暴弭節雍容惠我耕作千頃芃芃尙
饗

告河神文

鹽運使銜甘肅侯補知府施某謹致告於大河之神
曰十二年二月十四日　欽差廣西廵撫張曜復
奉　天子之命馳視章邱所隷何王莊決口十六
日自張秋方舟東下以趨章邱其營務處甘肅侯補
知府施某實由章邱而東並齊東蒲臺達於利津勘
四縣被淹村聚受災之重輕至利津下游循漫流入
海之路觀其通塞所以分使臣之勞驗民生之困將

以其實上告於　天子求發賑而捍患也　天
子之尊　神人受治　降康紓禍哀矜元元　神
功在　國而　德在民所爲膺　封號而受享
祀也河患之亟久而未甯雖曰天意亦作　神羞具
官此行　明靈所鑒狂飈振厲舟卻不前六日於
茲是用布告伏望爲民爲　國助以順風所歷情
形俾速上報區區之誠不以私請唯諒其愚而許之
無任祈禱之至謹告

左子重哀詞

今上之十年正月余赴禮部試道出鎮江會日暮泊

舟江干有誦詩於鄰舟者聲琅琅然問之則湘陰左
渾丁叟今相國之猶子而余同歲生也余始爲諸生
即聞相國並世豪傑其後視師東南風馳霆擊數年
之間削平巨寇江皖閩浙之民創者起饑者飽散者
聚棄者收氛霾盡而天日出人人幸生反涕而笑而
相國高位上爵極書生之榮遇矣功名遭際望若古
人常以不獲一見爲憾今與其猶子遇又辱同舉因
造其舟敬問相國並及於西師消息當是時相國方
以欽差陜甘總督討叛回於秦隴云而丁叟談次亟
稱從兄子重之賢謂叔勤勞兵間垂十餘歲子重摒

擋家事不遺銖髮以上天性至孝外則憂其父內則婉言柔色以事其母母病露禱於神刲臂和藥及喪哀毀盡禮愛其羣弟以及於親族下至臧獲廝養咸有恩義精小學能篆書善爲詩古文詞歉然不足無幾微矜於顏色余聞其言心識之又覩丁叟溫溫儒者氣和詞下竊以爲左氏門戶之祥明年十月余在杭州有自湘中來者言丁叟奄忽死矣余爲悼歎久之又二年正月再赴禮部試取道上海見沅陵吳桐雲則又聞子重之喪桐雲言子重遺事較丁叟爲加詳於是又以悼丁叟者悼子重其年再落第發憤走

隴右謁相國相國哀其窮困居之幕府蓋十數年嚮
慕之者至是得睇其容貌聞其言論私心喜幸獨不
敢一及丁叟子重以益相國之悲他日侍酒將半相
國言子重旌表事並出次君子栗所爲行略見示則
於聞於桐雲者其事又詳甚矣子重之賢宜相國過
時而悲也抑余有說焉夫得愚子而壽與得賢子而
夭夭固不如壽矣然愚子而壽往往覆宗賢子而夭
而仁孝之名傳之後世脩短之不齊報施之不足據
古人已如此此豈足道哉惟行誼可以有聞爲慰父
母之志相國其亦何恨因爲詞釋之并及於丁叟云

其詞曰嗟天道之茫茫兮每反施以爲報自孔氏而已然兮至今人而奚悼彼伯鯉之早殞兮問先師其何愆要德行之脩立兮齊短命於大年相國之起衡湘兮抗功名於管葛埽蚩尤之毒氛兮覩乾坤而軒豁傳弓冶之世業兮有賢子之英英梧與竹其交翠兮盼鸞鵠之跱停行孝友於門中兮漸施及乎其類實君子之柔嘉兮豈獨嫺夫文藝余昔淹駕中途兮聞丁叟之所言慕二惠之競爽兮集慶祥於家門望山川而惜逝兮先凋喪我丁叟知芝焚而蕙歎兮吁相隨其何驟憎土伯之害傷兮角嶷嶷而伺人何艮

善之是忮兮偏縱舍夫頑嚚唯孝思之不匱兮獲
朝廷之旌異固夭折可悼傷兮已令名之勿替跖
雖永而終盜兮回雖促而終賢矯運命而自壽兮信
人事爲有權釋者懷之鬱悲兮賴婉孌之孝婦撫諸
孫以繼承兮天有待乎其後

## 吳蘭臯哀辭

君諱經歸安縣雙林鄉人也同治元年八月予避寇雙林始與相識雖甚困窘伉爽有氣二年寇益侵暴冬十一月予挈家人浮舟而東君亦奉其母夫人以隨行四晝夜至江蘇吳江縣之同里遂與賃屋以居

居極荒陋迫於牟豕之闌室中庖湢牀寢合并一處然予猶與君虛盈丈之地布几席設書籍筆硯俯而誦仰而思思之有得伸紙而書連篇累牘莊謔間作以寄其於邑無聊之感君又好談時事夜分燈燼僮婢皆睡猶就予張目論議雖不中節固不以顛頓狼狽損其志氣者三年七月湖州平予挈家人還郡四年君以母夫人命從予受學止予家者六月漸去崖岸就繩尺與人恂恂爲謙謹然時被酒牙角悉出醒而悔醉復然其後予屢出游君居母夫人喪每書抵予必言當世之失而思所以救之予謂出位之思君

子勿許戒以親學問養器識君勿能用又數年而病病少間矣勤於人事復作胸中有物時與上下十年七月某日遂卒嗚呼何不自養以至此極耶爲辭抒哀命其子藏之辭曰

吁君之存兮慷慨負氣議論錚錚兮羣庸以廢謂君所性兮依於忠義反激爲平兮宜愜其器庶幾異時兮艱難與濟胡不潛沈兮汲汲人事以身爲徇兮頂踵可棄婉變初昏兮寵炊是議遘彼非議兮悵焉感喟閔凶倏遭兮繼以疾厲節養未能兮力竭而逝遺息呱呱兮寡婦涕泗誰當門子兮以畜以祭皇天祝

予兮君不長世顧視吾徒兮又將誰冀嗚呼孔哀兮
幽宮永閟其下冥冥兮文言奚致

## 蔡元襄哀辭

君少時貌狀如好女子而有堅苦卓絕之志孤貧無依上有寡母一兄不材不自存活弟十餘歲猶未成立君爲童子句讀師束脩所入以養母弟不足則貸於傭書之値時自節縮口體以爲其兄食衣族人豪於貲財君約弟兄閉門度日無所假貸也讀經能記兩漢諸儒之說通其聲音訓詁其覽他書甚衆號爲博洽爲古文深警喜往復無一世俗語場屋之作亦

然而能曲就有司尺度故試亦高等光緒丙子舉於
鄉已而四黜於禮部外和而中剛未嘗立崖岸至其
所不可必有執持兵法吏治皆所究心能用古說合
時變余弟子數十人獨君體用咸有冀有樹立於世
亦慮君貌狀不足以載年考膺福祿丙戌十月竟以
疾卒於家年四十二無子余與君別十四年唯聞君
舉於鄉以爲可喜自餘聞於君者皆偃蹇窮乏不得
志之事也今乃聞其死嗚呼余所以望君與君所以
自命乃止於是哉可哀也已君蔡姓諱汝鍇字元襄
歸安人

吁同治之初元夏五月而城覆余扶母而挈妻舟雙
林以避寇賴吳生之留款室有假而無僦牀與竈兮
交連虛盈丈於其右陳亂書於破案坐朝哦而夕究
動薪米之兩空母妻憐而不詬唯吳生之勤勤日造
廬而每又君於時兮肯來識心貞而貌秀守實介而
能通學殊孤而未陋求方聞與夥識若情欲之思就
依燈火於中宵遇卧鐘而猶扣每欠伸焉請退月灩
灩其在廇及把筆以爲文九天淵而心透振鏗鏘而
發瘖奮新奇而出舊少忽忽其漸壯變白黝而肥瘦
余萬里而西東顏二七其未覯披家人之書來喜科

名之一售睎金門與玉堂又闃然於其後準貴富爲
乘除或失此而老壽何逾壯而遽摧無呱呱之嬰幼
天福善而禍淫君短折也奚疚痛兮生兮久亡或九
幽之邂逅道勞人之暮年已齒脫而面皺嗟恃官以
爲家歲饑寒其僅救擇林泉而歸老宮一畝其未構
有穉女兮小男猶未畢乎婚媾怛日月之催人眞若
馳而若驟算黃耇於須臾恐自圖之悠謬